PAUL BALDAUF

HANNAH UND DER SELTSAME HERR SALIBA

ERZÄHLUNGEN AUS MALTA

Verlag & Druck: tredition GmbH, Halenreie 40-44, 22359 Hamburg

978-3-347-12237-6 (Paperback)
978-3-347-12238-3 (Hardcover)
978-3-347-12239-0 (e-Book)

Inhalt

Kapitel 1: MIT HANNAH IN HAMRUN

Sein Vater erhob sich und verschränkte die Hände hinter dem Rücken. Dann ging er mit ernster Miene durch den Raum. „So geht es nicht weiter, Florian!" Er ging zum Schreibtisch, griff nach einem Schriftstück und hielt es in die Höhe. Florian wagte kaum, ihn anzusehen, versteckte seine Hände in den Hosentaschen und hielt den Kopf ein wenig gesenkt. „Eine Fünf in Englisch! Mangelhaft!" „Ich weiß." „Mangelhaft!"

Jetzt wiederholt er es auch noch, dachte Florian. Was soll ich darauf antworten? Englisch liegt mir einfach nicht. Diese vielen schwierigen Wörter. Die Grammatik, die Aussprache: Ein Albtraum. „F l o r i a n?" Sein Vater legte das Zeugnis wieder zurück und atmete tief durch. Dann rückte er seine flache Brille ein wenig näher an die Augen. „Hörst du mir zu?" „Ja." Wenn ich nur bald hier herauskomme... Wer weiß, was für Noten mein Vater in Englisch hatte? Aber ich frage besser nicht. „Und weißt du, was deine Lehrerin mir geschrieben hat?" „Nein. Sie hat ja an dich geschrieben."

Sein Vater überhörte dies und sah ihn prüfend und durchdringend an. Dann zückte er den Brief der Lehrerin und las vor: «Ihr Sohn verliert im Fach Englisch langsam den Anschluss.» Den Rest des Briefes mag ich dir gar nicht vorlesen.

Um so besser, dachte Florian. Er blickte kurz auf, doch sogleich schlug er wieder die Augen nieder. Sein Vater blickte entschlossen in die Weite:

„Sag deiner Mutter, sie soll bitte zu mir kommen. Du kannst gehen." Florian verließ erleichtert das Zimmer.

Geschafft, dachte er. Doch *was* wird er jetzt mit ihr besprechen?

„Unser Sohn braucht dringend Intensiv-Unterricht in Englisch. Hier, lies mal." Florians Mutter überflog den Brief und blickte nachdenklich vor sich hin. „Sag mal, hattest du nicht eine Freundin in Malta?" „Ja, warum? Wir stehen immer noch in Kontakt." „Sie ist doch Englisch-Lehrerin?" „Ja, das stimmt, aber ist Malta nicht etwas weit weg?" Sein Vater wischte die Frage mit einer Handbewegung beiseite. „Ach, was! In seinem Alter, da war ich schon in…Nun, denn. Auf jeden Fall ist es wichtig, dass unser Sohn langsam erwachsen wird. Er soll auch etwas von der Welt sehen." „Du hast recht." „Frage bitte bei deiner Freundin in Malta an, ob er kommen kann."

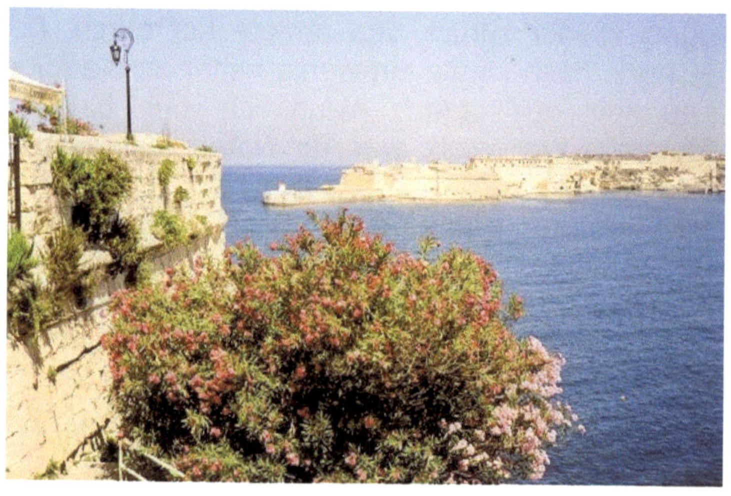

Blick auf das Meer (Sliema)

Kapitel 2: Sechs Wochen später...

Florian blickte aus dem Flugzeug der AIR MALTA. Tief unter ihm erblickte er Festungsmauern und ein Hafendeck. Er war aufgeregt. War das schon Valletta? Hinter ihm saß ein anderer Junge: Michael, der ebenfalls nach Malta flog, um Englisch zu lernen. Sein Vater begleitete ihn und hatte Florians Eltern versprochen, unterwegs auf ihren Sohn aufzupassen. Nun erklang eine Durchsage. Alle schnallten ihre Sicherheitsgurte an: «Merba fuq I-ajruplan tu' Air Malta, Nigbdulkorh I-attenzjoni ghas sigurta taghkom... Malta Nawguralkom titjiru sabiha u grazzi talli ghaziltu ti tivjaggaw ma' I-Air Malta...» Das hört sich aber seltsam an, dachte Florian.

Am Flughafenausgang verabschiedete er sich erst einmal von Michaels Vater. Dieser deutete auf ein Schild: «WELCOME FLORIAN!» Damit konnte nur *er* gemeint sein. Florian spürte, wie seine Aufregung wuchs. Jean, die Englisch-Lehrerin, kam auf ihn zu. „Herzlich willkommen, von uns allen! Dies ist mein Mann Adrian. Dies ist meine Tochter Hannah und dies mein Sohn Nicky."
Florian drückte reihum die Hände. Adrian nahm ihm Koffer und Umhängetasche ab und ging voraus zum Auto. Die sprechen ja gleich Englisch mit mir, dachte Florian. Er wusste gar nicht, was er sagen sollte. Wenn sie meine Aussprache hören...
„Du bist jetzt bestimmt müde von dem Flug, nicht wahr?" Hannah und Nicky sahen ihn gespannt an. „Ja, ich bin ein wenig müde."
Ufff, der erste Satz war heraus. Jean, Hannah und Nicky lächelten.

Die Fahrt bis nach «Sliema» dauerte gar nicht lange. Adrian hielt an und deutete geradeaus. „Dies ist unser Haus. Hier wirst du die nächsten drei Wochen verbringen." Florian schaute das Haus mit großen Augen an. In einer fremden Familie, für drei Wochen! Und sie sprachen kein Wort Deutsch! Vermutlich konnten sie das gar nicht. Ihm war etwas mulmig zumute. Adrian schleppte seinen Koffer nach oben. Auch an der Tür war ein großes Willkommens-Schild angebracht. «Schön, dass du da bist!» stand darauf. Die Buchstaben waren ganz bunt. „Meine Kinder haben das für dich vorbereitet", sagte Jean. Florian blieb der Mund offen. Für *mich*? „Vielen Dank!", sagte er auf Englisch. Er war froh, dass ihm überhaupt etwas eingefallen war. Hannah und Nicky liefen kichernd in die Wohnung. Als erstes zeigte Jean ihm das Bad. „Lass dir Zeit, Florian. Hier hast du ein Handtuch. Da in der Ecke ist die Dusche, daneben die Badewanne. Fühl dich ganz wie zu Hause." „Danke." Florian sah sich um. Das Badezimmer war so schön eingerichtet! Die Seifen dufteten wie frische Äpfel. Eine halbe Stunde später verließ er das Bad. Die Dusche hat gut getan, dachte er. Jetzt bin ich in Malta, sagte er zu sich selbst. Er konnte es noch nicht ganz glauben.

Im nächsten Raum wartete Jean schon auf ihn. „Zunächst zeige ich dir dein Zimmer. Folge mir bitte." Jean gab ihm ein Zeichen mit der Hand. Soll sie am besten immer so machen, dachte er. Das wäre leichter. Sie zeigte ihm zunächst das Treppenhaus. Florian gefielen die bunten Glasfenster. Im Treppenaufgang standen einige antike Möbel.
„Und dies ist dein Zimmer. Ich hoffe, es gefällt dir." Jean öffnete den Vorhang. Florian riss staunend die Augen auf. Da unten sah man die Meerespromenade! Jean schien

10

seine Gedanken zu lesen. „Aber bitte, sei vorsichtig! Obwohl es in Malta meist warm ist, weht manchmal ein starker Wind." Zum Glück machte sie wieder einige Gesten. Es sah aus, wie wenn sich jemand einen Schal anzieht. Ahaaa, dachte Florian. „Natürlich", sagte er. Jean lächelte ihn an. „Du wirst sehen, bald sprichst du so flüssig Englisch wie meine Kinder." „Ich hoffe", gab Florian zurück. Er hatte nur die Hälfte verstanden. Aber irgendetwas musste man ja sagen. Jean sah ihn wohlwollend an und strich ihm über das Haar. „Ich lasse dich jetzt erst einmal allein. In einer guten halben Stunde essen wir zu Abend. Einen Stock tiefer, gleich links." „Einen Stock tiefer", wiederholte Florian. Die Anspannung fiel langsam von ihm ab. „Downstairs", prägte sich Florian das englische Wort ein, als Jean schon wieder im Haus unterwegs war: «Downstairs.»

Als Florian die Treppen hinunterschlich, überkam ihn auf einmal Heimweh. Ach, wäre ich jetzt nur zu Hause und könnte Deutsch sprechen, ging es ihm durch den Kopf. Sein Vater kam ihm in der Erinnerung auf einmal gar nicht mehr so streng vor. Er spürte, wie sich sein Bauch etwas zusammenzog. Jetzt kommt das Abendessen, das kann lange dauern. Wie soll ich mich da unterhalten? Am besten esse ich die ganze Zeit! Mit diesem Vorsatz beschleunigte er seinen Schritt.

Kapitel 3: Bitte setzen...

Der Tisch war schon gedeckt. „A d r i a n", rief Jean mit lauter Stimme. Dann wandte sie sich dem Gast aus Deutschland zu. „Nimm ruhig Platz." „B i t t e   s e t z e n", sagte Hannah. Sie saß am Ende des Tisches und kicherte in sich hinein. „Hannah!" Jean drohte ihr scherzhaft mit dem Finger. „Sie macht sich nicht über dich lustig, sondern versucht nur, etwas Deutsch zu sprechen. Für uns ist es nicht leicht, deutsche Wörter auszusprechen." Florian zog einen Stuhl heraus und nahm Platz. „Oh, ich verstehe." *Was* hat sie gesagt? «To pronounce?» Was ist *das* denn? Uff!

Bald nahmen auch Adrian und Nicky ihre Plätze ein. Der Tisch war reich gedeckt: Baguettes und Eier, ganz viele Käsesorten, Salat und Nachtisch, Tee und Fruchtsaft. „Wir frühstücken morgens zwischen 8 und 9 Uhr. Die Kinder, je nach Schulbeginn, natürlich manchmal früher oder später. Mittags essen wir um 12 Uhr, Abends normalerweise um 18.00 Uhr. Ich hoffe, die Zeiten sagen dir zu." „Ja, das ist prima." Vielleicht hätte ich mir die Uhrzeiten besser mitgeschrieben, dachte Florian. Er sah sich etwas zaghaft um. Hannah war ganz mit dem Essen beschäftigt. Nicky schmierte sich Käse auf ein aufgeschnittenes Baguette. Adrian goss sich warmen Tee ein. Für eine Weile trat Stille ein. Dann sagte Jean: „Erzähl mal, Florian. Deine Heimatstadt in Deutschland, wie heißt sie?"

„Speyer." „S p e y e r", wiederholte Hannah. Sie schüttelte sich und hielt sich eine Hand vor den Mund. *Was für ein Wort!* „Und wo liegt S p e y e r: In Nord- oder in Süddeutschland, oder wo?" *Die Frage ist zum Glück nicht so schwer,* dachte Florian. Er legte sein Brot zur Seite und sagte: „Im Südwesten von Deutschland." „And your surname is?" „?"„*Our* surname is B o n n i c i." „Ah, my surname is Müller." „Muller, I see. Very good!" *Gar nicht so schlecht, mein Englisch,* dachte Florian. *Sie hat «very good» gesagt!*

Die erste Nacht schlief Florian ganz tief. Im Schlaf erschien ihm eine Stewardess der AIR MALTA. Sie forderte ihn auf, sich anzuschnallen: „Fasten your seatbelt. Your English lesson is going to start soon!"

Kapitel 4: Zeit für das Frühstück...

Am Morgen hörte er plötzlich ein Klopfen an der Tür. Die Tür ging ein klein wenig auf. „Guten Morgen, Florian. Es ist Zeit für das Frühstück." „Ich komme gleich!" Die Tür schloss sich wieder. Florian erschrak. Um Himmels willen, ich habe verschlafen. Eine halbe Stunde später eilte er an den Frühstückstisch. Alle anderen saßen schon und warteten auf ihn. „Keine Sorge", sagte Adrian. „Das ist völlig normal, dass man nach einer langen Anreise länger schläft." „So ist es", bestätigte Jean. „Möchtest du Kaffee?" „Ja, Kaffee, bitte." „Mit Milch und Zucker?" „Nur Kaffee, schwarzen Kaffee, bitte."

Das Frühstück war schneller vorbei als erwartet. „Well, Florian, today we are supposed to start our lessons." „ Oh, I see." Jean lächelte. „I'll go to my room and get my book, my papers and my pen." „Very good!", sagte Jean. „You can also say: I'll go and *fetch* my book." „Fetch my book", wiederholte Florian. Dann eilte er die Treppen hinauf.

Kapitel 5: Der Unterricht beginnt

Der erste Unterricht fand auf der Gartenterrasse statt. Florian, dem vorhin noch ganz bang zumute war, fühlte, wie seine Stimmung stieg. An der Wand entdeckte er bunt bemalte Kacheln. Vor der Terrasse blühten Blumen. Sträucher rundeten das Bild ab. Jean goss ihm sogar eine Tasse Tee ein. Florian wusste kaum, wie ihm geschah. Er hatte sich die Lehrerin und den Unterricht streng vorgestellt. Jean blätterte in seinem Englisch-Buch. Nach einer Weile sagte sie: „Heute fangen wir auf spielerische Art und Weise an. Der Unterricht soll schließlich Freude machen."

Dann fügte sie noch hinzu: „Morgens unterrichte ich dich. Dann hast du Zeit für die Hausaufgaben. Nachmittags hast du frei. Man kann schließlich nicht den ganzen Tag lernen, nicht wahr?" „Ich stimme zu!", sagte Florian sofort. Jean lachte lauthals.

„Diese Art von Unterricht heißt auf Englisch «a private lesson or private tuition»: Nur ein Lehrer oder eine Lehrerin und ein Schüler, verstehst du?"

„Ich verstehe", gab Florian zurück. Verflixt! Warum fällt mir nicht mehr ein? Doch nach den ersten zwei Stunden hatte er das Gefühl, dass der Knoten platzte. So langsam traute er sich mehr zu. Jean war eine angenehme Lehrerin. Mit ihr war das Lernen gar nicht so schlimm. Im Gegenteil. Sie erzählte ihm so viele interessante Dinge. Und sie erklärte auf eine Art, dass ihm alles viel leichter in den Kopf ging.

„Siehst du", sagte sie, „Englisch lernen muss nicht bedeuten, dass man davon Kopfweh bekommt. Ich glaube, man sollte daran Freude haben." Nun zeigte sie auf ihren

Kopf. „«Headaches» Ein schwieriges Wort. Wenn du *head-aches* bekommst, tut es hier weh." „Aha", sagte Florian, „ich verstehe."

Die ersten Stunden vergingen wie im Flug. Als Hausaufgabe sollte er nur eine Geschichte lesen. Die vielen Zeichnungen halfen, den Text besser zu verstehen. Dann sollte er noch die Wörter in sein Heft schreiben, die unter dem Text aufgeführt waren. Dabei stand immer eine Erklärung.

„Gut gemacht!", lobte ihn Jean, als sie seine Hausaufgaben durchsah. „Nicky muss heute zum Doktor und mein Mann geht zur Arbeit. Für heute überlasse ich es Hannah, dir ein wenig die Insel zu zeigen. H a n n a h!" Ihre Tochter eilte herbei. „Zeigst du Florian bitte etwas von unserer schönen Insel? Es ist sein erster Tag auf Malta." „Gerne, Mami, mache ich."

Kapitel 6: Erstmals in Malta unterwegs...

Vom Meer her wehte ein frischer Wind. Wellen rollten heran, Gischt schäumte auf. „Magst du das Meer?", fragte Hannah. „Ja. Da, wo ich wohne, gibt es kein Meer. Nur den Rhein." „Oh", sagte Hannah nachdenklich. „Also bist du nicht gewöhnt, oft schwimmen zu gehen." „Nicht wirklich", sagte Florian.

„Jetzt nehmen wir den Bus bis Valletta. Vielleicht weißt du schon, dass Valletta die Hauptstadt von Malta ist!" „Ich verstehe", antwortete Florian. „Es ist also die bedeutendste maltesische Stadt. So wie Berlin für Deutschland." „Aha", gab Florian zurück. Sie kennt sich besser aus als ich. Aber Berlin ist ja auch viel größer!

Die Fahrt mit dem Bus gefiel Florian. Über dem Fahrersitz waren einige Bilder angebracht. „Dies sind Bilder von Jesus und Maria", erklärte ihm Hannah. „Manche Fahrer bringen dort solche Bilder an, damit sie und die Fahrgäste während der Fahrt gesegnet und beschützt sind." Florian kam ins Grübeln. Beschützt...Die Fahrt wird doch hoffentlich nicht gefährlich sein? Aber der Fahrer fuhr ganz ruhig und gemütlich am Meer entlang. In Valletta angekommen, sagte Hannah: „Wir sind schon da. Wir müssen aussteigen" und ging ihm voran.

Dies ist das Stadttor von Valletta. Wir sind jetzt gleich im Zentrum."

Florian blickte auf das Tor. Sie passierten einen Springbrunnen. Das Wasser sprudelte herrlich in die Höhe. Florian zog seine dünne Jacke aus. Es wurde immer wärmer. „Huuu, heute wird es sehr warm werden", sagte Hannah. „Darf ich dich zum Eis einladen?", wagte sich Florian hervor. „Danke, das ist nett von dir." Florian ging zu einem Stand und zückte ganz stolz seine Geldbörse. „Dieses hier, zweimal." „Hier, mein Freund", sagte der stämmige Eisverkäufer. Er gab ihm ein paar Münzen zurück.

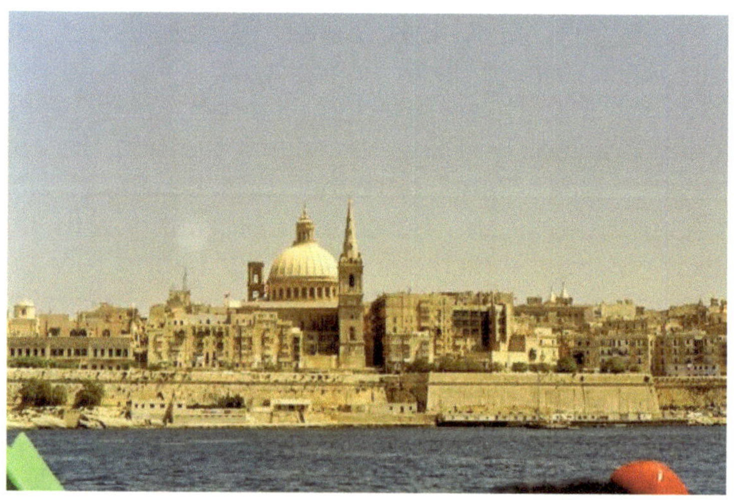

Ein Blick von Sliema auf Valletta.

„Lass uns zur «Malta Experience Show» an der «St. Elmo Bastion» gehen", schlug Hannah vor und nahm das Eis entgegen. „Wir müssen in Richtung «Mediterranean Conference Centre» gehen. Florian mochte Hannah. Sie sprach schön langsam. So konnte er sie meistens gut verstehen. „Die Vorführung dauert etwa 45 Minuten." Florian duldete keinen Einspruch und bezahlte die Eintrittskarten. Hannah wartete auf ihn. Dann ging sie voran und fand zwei freie Plätze mit guter Sicht. Sie befanden sich in einem großen Kino, in dem die Geschichte Maltas auf großer Leinwand dargestellt wird. Sie zeigte ihm die Kopfhörer. Die Sprachauswahl war schon auf «English» eingestellt. Ob ich nicht besser heimlich auf «German» umstelle?, fragte sich Florian. Hannah sagte:

„Die «Malta Experience Show» ist fantastisch! Sie bringt 7000 Jahre Geschichte unserer Insel wieder zum Leben. Die Tontechnik, das «Surround System» werden dich beeindrucken. Ich denke, es ist die beste Einführung für jemand, der Malta kennenlernen möchte."
„7000 Jahre?!", rief Florian aus, „das klingt ja unglaublich." Hannah strahlte. Sie war nun ganz stolz auf ihre Insel: „Die maltesische Geschichte ist erstaunlich und turbulent. Die Bildeffekte der *Experience Show* sind atemberaubend, einfach sensationell. Es ist eine der größten audio-visuellen Attraktionen von Malta. Und die Kommentare sind fesselnd." „Fesselnd?" „Nun, wie soll ich das erklären: Sehr interessant. Die Aufmerksamkeit wird erregt, es ist ergreifend." „Ich verstehe", sagte Florian.

Die Vorstellung begann. Hannah und Florian setzten die Kopfhörer auf. Florian bemühte sich, dem englischen Text zu folgen: «Am Anfang war es finster und der maltesische

Archipel entstand.» *Habe ich das richtig verstanden?* Und schon begann ein wahres Feuerwerk an spektakulären Bildern. Die ganze Geschichte Maltas zog an ihren Augen vorüber. Man sah unvorstellbar alte Tempel, hörte vom Schiffbruch des Apostels Paulus, vom Einfall des osmanischen Heeres unter Sultan Süleyman, vom tapferen Kampf der «Knights of St. John», der Ordensritter unter Führung von Großmeister La Valette. Dann ist die Hauptstadt also nach ihm benannt, dämmerte es Florian. Unglaublich, was sich hier schon alles ereignet hat...Die Fülle an Bildern, die aufregenden Szenen und Klänge: Es war überwältigend.

Als die Vorführung zu Ende war, sagte Hannah lächelnd: „Jetzt bist du sprachlos, nicht wahr?" „Ja, vor allem kann ich jetzt kein Englisch sprechen", gab Florian zurück. Hannah lachte. „Keine Ausreden! Komm, gehen wir nach draußen."
Sie führte Florian zu den «Upper Barracca Gardens». „Die Aussicht von hier ist wunderbar, nicht wahr? Dort unten kannst du den «Grand Harbour» sehen."

Die Aussicht auf den Hafen, auf Festungsmauern und Bauwerke ringsum war großartig. „So, erzähl mal, worüber möchtest du mehr wissen?", fragte Hannah. Florian machte es sich auf der Bank bequem und besann sich. „Vielleicht über die Geschichte der Ritter des heiligen Johannes." „Sie herrschten hier über 250 Jahre!" „So lange?" „Wie du weißt, war Valletta eine Festungsstadt. Jeder Stein hier erzählt eine Geschichte." „Ich würde gerne die Geschichte vom Apostel Paulus und Malta hören." „Du meinst, die Geschichte von seinem Schiffbruch und seiner Landung?" „Ja."

„Ein wilder Sturm brach los, und das Schiff, auf dem der Apostel war, stieß gegen ein Riff und wurde schwer beschädigt. Durch ein Wunder gelang es allen Leuten an Bord, sich auf das Festland zu retten. Die Einheimischen entzündeten ein Feuer, damit die gestrandete Besatzung sich wärmen konnte." „Also lebten damals schon nette Leute auf Malta." Hannah freute sich: „Schön, dass du das sagst. Malteser sind wirklich freundlich und hilfsbereit. Nun, sagen wir: Meistens." Hannah schmunzelte. Langsam wurde es immer heißer. Sie gab das Signal zum Aufbruch. „Ich mag auch die typischen maltesischen Balkone." „Ja, sie sind sehr schön." Hannah fügte strahlend hinzu: „Es scheint, es gefällt dir in Malta." „Ja, das ist wahr."

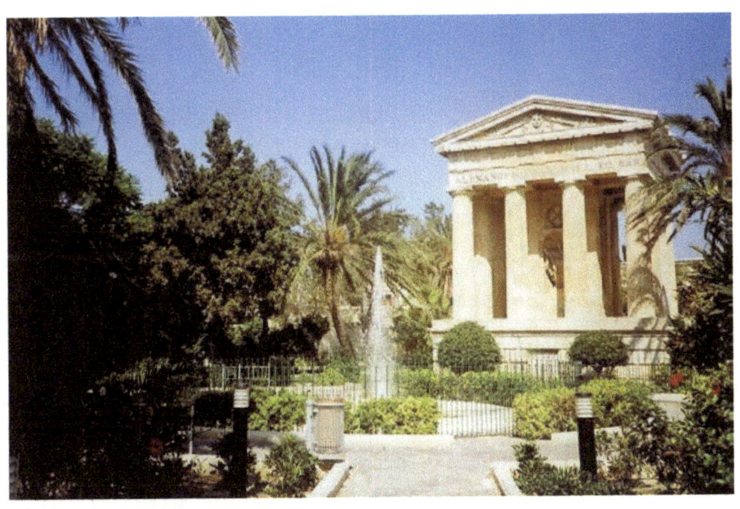

Die «Upper Barracca Gardens» in Valletta

Kapitel 8: Was für eine Pracht...

Hannah schlug nun wieder den Weg zur Hauptstraße ein, der durch eine Menschenmenge führte. Auf einmal standen sie vor einer Kirche. „Da du die Szene aus der Malta Experience Show erwähnt hast: Diese Kirche hier ist nach dem Schiffsbruch des Apostels Paulus benannt: «Saint Paul's Shipwreck Church.»" Hannah trat ein und nahm Weihwasser. In der Kirche war es angenehm kühl.

Ah, das tut gut! Er folgte Hannah und sah sich um. Die Kirche war also nach dem Apostel Paulus, dem Patron Maltas, benannt. „Die maltesischen Kirchen sind reich dekoriert", flüsterte Hannah ihm zu. „Sieh mal, was für eine Pracht!" Florian war tief beeindruckt. Wie kostbar und schön sind die Leuchter am Altar, die Gemälde und Skulpturen. „Der Apostel Paulus ist für Malta sehr wichtig, wir verehren ihn als «Vater des Maltesischen Volkes.»" Florian prägte sich den englischen Ausdruck «Father of the Maltese» gut ein.

Hannah verbeugte sich noch einmal vor dem Tabernakel und Florian machte es ihr nach. Dann verließen sie die Kirche. Ganz in der Nähe nahmen sie an einem Tisch im Freien Platz.
Hannah erzählte Florian viel über die Geschichte Maltas: Von den ersten Einwohnern, den rätselhaften Tempeln, vom Einfall des Heeres von Sultan Süleymann, von den «Knights of St. John», den berühmten Rittern des Ordens des heiligen Johannes von Jerusalem. Nach einer Weile sagte sie: „Malta kann man wirklich nicht in ein paar Wochen kennenlernen."

Die Tische ringsum waren alle überfüllt. Touristen streckten behaglich ihre Beine aus. Eine Dame mit schwarzer Sonnenbrille fächerte sich Luft zu. Man hörte ein Stimmengewirr vieler Sprachen. Hannah und Florian tranken ihr Mineralwasser mit Zitrone – «mineral water with lemon»– zu Ende. Dann sagte Hannah: „Möchtest du die St. John's Co-Cathedral besichtigen?" „Gerne." Er betrachtete seine «Fremdenführerin». Sie hatte dunkelblonde Haare und grau-blaue Augen. Die Mädchen an der Kasse vorhin waren viel dunkler, dachte er. Die hatten schwarze Haare und dunkle Augen. „Oh, es scheint, sie haben noch nicht geöffnet. Vielleicht können wir uns so lange In den Schatten setzen?"

Sie fand ein schattiges Plätzchen im Innenhof eines prächtigen Gebäudes. „Malta ist wirklich winzig, verglichen mit Deutschland." „Du hast recht." Er überlegte einen Moment und fügte hinzu: „Warst du jemals, ich meine, warst du schon..." Er verhaspelte sich. „Du meinst, ob ich schon in Deutschland war?" „Genau." „Noch nicht, leider."

Hannah erzählte ihm nun noch mehr von der abenteuerlichen Geschichte Maltas, erwähnte die bekanntesten Großmeister, erzählte ihm von «Mdina, Mellieha, Mosta» und anderen maltesischen Städten. Florian gefielen die Namen der Orte. Sie klangen so ungewöhnlich: *Naxxar*. Hannah sprach es wie «Naschaar» aus. Florian versuchte, ihre Aussprache nachzuahmen. Besonders lebhaft wurde Hannahs Schilderung der berühmten maltesischen Feste.

„Eines Tages musst du unbedingt eine «Festa» miterleben. Das Feuerwerk ist atemberaubend. Ich muss nachher mal nachsehen, ob irgendwo eine Festa stattfindet, während du hier bist." Florian wurde immer neugieriger und fühlte, wie ihn Malta zu faszinieren begann. Jean, Adrian und Hannah waren *so nett*. Was für ein Glück, dass mein Vater auf die Idee gekommen ist, mich hierher zu schicken! Schade nur, dass Nicky zur Zeit so kränklich ist...

„Du musst wissen, dass die Ritter des heiligen Johannes aus verschiedenen Ländern stammten." „Interessant." Florian bedauerte, dass ihm auf Englisch kein ganzer Satz einfiel. Oh, ich muss noch viel mehr lernen. Dann kann ich mich mit Hannah besser unterhalten, dachte er. Die «knights» kamen also aus allen möglichen Ländern! Vielleicht mussten einige von ihnen auch erst Englisch lernen. Dann fiel ihm doch noch etwas ein: „Und La Valette war ihr Anführer?"

„Ja, er war ein sehr mutiger, entschlossener Mann. Die große Belagerung ereignete sich im Jahr 1565. Die Osmanen kamen mit einer Armada von fast 200 Schiffen und 40.000 Mann! Malta wurde am 8. September endlich befreit. Dieser Tag hat für Malta eine besondere Bedeutung: Wir feiern «Mariä Geburt» und zugleich den historischen Sieg über die Invasoren. La Valette hatte den Vizekönig von Sizilien mehrmals um Hilfe gebeten. Dann, am 7. September kamen *endlich* 8.500 Mann. Die Ritter und die Bevölkerung waren voller Freude. Am nächsten Tag, dem Festtag der Seligen Jungfrau Maria, war auf dem Meer vor der Insel Malta *kein einziges Schiff* der Osmanischen Flotte mehr zu sehen!"

Florian hielt den Atem an. „Du sagtest, dass sie am 8. September befreit wurden. Meinst du, es war ein..." „Zufall?" Hannah schüttelte den Kopf. „Nein, das glaube ich nicht. Die Ordensritter und die Bevölkerung haben Unserer Lieben Frau für ihre Fürsprache und Hilfe gedankt. In Malta wurde Maria schon immer sehr verehrt." Hannah gab das Zeichen zum Aufbruch. Als sie ihren schattigen Platz verließen, merkten sie erst, wie heiß es inzwischen geworden war.

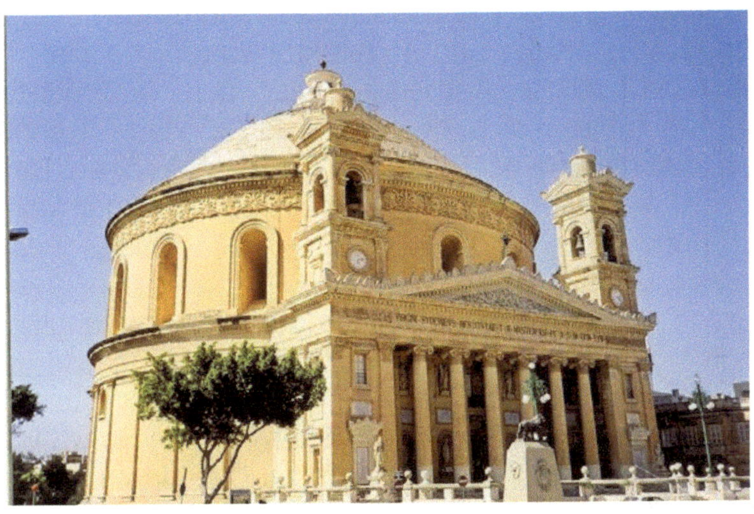

Die Kuppelkirche von Mosta

Kapitel 9: In der Kathedrale

Diese Kirche", begann Hannah, als sie den Innenraum der Kirche betraten, „war für über 200 Jahre die Klosterkirche der Ritter des Ordens des heiligen Johannes." Sobald Florian das Stichwort «Ordensritter» hörte, wurde er hellwach. Er musste unbedingt noch viel mehr über sie erfahren. Nun spürte er, wie angenehm kühl es in der Kathedrale war. Ihre Ausmaße, die prächtige Ausstattung und Architektur waren mehr als beeindruckend. „Diese Kathedrale war den Großmeistern heilig. Sie fühlten sich hier zuhause", erklärte Hannah. Florian staunte. Seine Begleiterin schüttelte diese Dinge gerade so aus dem Ärmel. Dabei blickte sie in gar keinen Reiseführer.

«Grand Masters»: Florian merkte sich das englische Wort für *Großmeister.* Wenn ich wieder zuhause bin, werde ich so viel zu erzählen haben. Nur muss ich aufpassen. Sonst glauben meine Eltern am Ende, ich wäre hier nur als Tourist herumgelaufen. „Die Kirche ist dem heiligen Johannes dem Täufer, dem Ordenspatron, geweiht." Auf einmal verstand Florian: „Aha. Deshalb nannten sie sich Ritter des heiligen Johannes!" Florian staunte über sich selbst. So langsam wurde sein Englisch flüssiger. Es schien sogar, dass Hannah ihn verstand. Sie machte ihn auf eine Reihe von Kunstschätzen aufmerksam. „Übrigens: Die Ritter waren Adlige, die aus den vornehmsten Familien Europas kamen. Ihre Aufgabe war es, den christlichen Glauben zu verteidigen. Nach dem Sieg über die Osmanen bauten sie eine neue Hauptstadt: Valletta."

So langsam wurde Florian immer mehr klar. Das war ja spannend. Dieser La Valette konnte ja wirklich stolz sein. Die Hauptstadt trug *seinen* Namen. Hannah könnte nach ihrer Schulzeit bestimmt gleich als Fremdenführerin anfangen. Sie war nun ganz in ihrem Element: „Die Ritter wollten mit den schönsten Kirchen Roms wetteifern. Der Maler «Mattia Preti» verwandelte das Innere der Kirche in barocke Kunst. Er starb 1699 und wurde in der Kathedrale begraben."

So schön ist im Inneren nicht einmal der Speyerer Dom, dachte Florian. Licht flutete durch die Fenster. Die Böden waren so schön sauber, wie gerade neu gebohnert. Und an jeder Ecke wies irgend etwas auf die «Knights» und ihre Geschichte hin. Florian war wie elektrisiert. Was für ein Glücksfall, dass ich in Englisch so schlecht war! Aber wer weiß: Wenn ich hier viel lerne, werden meine Noten besser. Am Ende schicken sie mich *nie wieder* nach Malta! Für einen Moment wurde er ganz ernst und zog ein betrübtes Gesicht. „Was ist los?", fragte Hannah, „geht es dir nicht gut?" Florian rief sich zurück. „Äh, doch, natürlich." „Lass uns die Kapellen besichtigen", schlug Hannah vor.

„Hier siehst du die «Kapelle der Zunge von Aragonien». «Zunge» bezieht sich auf die Länder, aus denen die Ritter kamen. Die Kapelle ist dem heiligen Georg geweiht, dem Patron der Ritter aus Aragonien."

Hannah zeigte ihm eine Kapelle nach der anderen. Florian wußte gar nicht, welche ihm am meisten gefiel. Es war eine Pracht ohne Ende. Dann wies Hannah mit dem Finger nach oben, zum Deckengewölbe.

„Hier kannst du sehen, was für ein großer Künstler Mattia Preti war."

Florian streckte seinen Kopf in die Höhe, bis ihm der Hals weh tat. Wenn man sich vorstellt, dass er in *dieser* Höhe gearbeitet hat. Dabei habe ich seinen Namen vorher noch nie gehört. Hannah wartete nun schon wieder mit einem weiteren Höhepunkt auf.

„Gleich sehen wir eines der größten Kunstwerke in Malta oder von der ganzen Welt!", sagte sie feierlich. Florian stockte der Atem. Eines der größten Kunstwerke der ganzen Welt?!

„Caravaggio, der Künstler, der es gemalt hat, führte ein turbulentes Leben. Auf seinen Kopf war ein Preis ausgeschrieben, er mußte fliehen. 1607 kam er nach Malta. Der Großmeister war froh, ihn hier als Maler für den Orden gewonnen zu haben. Er beauftragte ihn, «Die Enthauptung Johannes des Täufers» zu malen."

Hannah führte ihn nun zu dem großen Gemälde. Die Wirkung war ungeheuer. Florian stand sprachlos da und blickte lange Zeit fasziniert auf das Bild: Ein Mann drückte den Kopf von Johannes dem Täufer gewaltsam nach unten. Im Hintergrund hielt sich eine Greisin entsetzt die Hände an die Schläfen. Der Raum war ziemlich dunkel. Aber auf den Täufer und den Mann, der ihn festhielt, fiel genügend Licht. Links sah man eine junge Frau, die…Florian konnte kaum noch hinsehen.

„Es ist grausam, nicht wahr?", fragte Hannah. „Aber das Bild ist überwältigend. Wie tapfer Johannes der Täufer war!" Hannah sah auf ihre Uhr: Zeit zu gehen.

Kapitel 10: Ein Stuhl blieb unbesetzt...

Armer Nicky", erklärte Jean, „ihn hat die Grippe erwischt." Florian drückte sein Bedauern aus. Dann erzählte Hannah ihren Eltern von ihrem Ausflug nach Valletta, von der «Malta Experience Show» und ihrer Besichtigung der Kathedrale. Jean und Adrian hörten es mit Genugtuung. „Bis jetzt bist du hier noch der einzige Student", sagte Jean. Adrian reichte Florian einen Obstteller: „Du wirst unsere Insel Schritt für Schritt kennenlernen. Glaube mir: Viele, die hier waren, kommen wieder."

Das würde ich auch gerne, dachte Florian: Wiederkommen. Die ganze Insel erkunden. Mit Hannah. Hoffentlich hat sie nicht auch die Grippe, wenn ich wiederkomme. Aber ob sie mich nochmals hierher schicken? Meine Eltern müssen ja alles bezahlen. Er wurde auf einmal ganz betrübt. „Florian, was ist los? Du schaust auf einmal so traurig." Er wußte nicht, wie er beginnen sollte.

„Ich würde auch gern wiederkommen! Immer wieder." Jean legte ein paar Trauben wieder auf den Teller und sagte erfreut: „Das freut uns sehr, dass es unserem Gast bei uns und in Malta gefällt!" Florian wußte nicht, wie ihm geschah. Vor der Abreise dachte er, er würde hier von morgens bis abends von fremden Leuten mit Englisch «traktiert». Und nun gehörte er schon fast zur Familie. Er fühlte sich so gut aufgehoben. Ach, Malta, das Meer, Valletta, die Ritter...So viele Eindrücke in kurzer Zeit. Adrian war so nett, gar nicht streng, ganz anders als sein Vater. Und beim Essen ging es immer lustig zu. Keiner drängte mit Blick auf die Uhr. Sie hatten Zeit. Adrian sagte: „Morgen nach dem Frühstück hast du wieder Unterricht.

Danach machst du Hausaufgaben und dann?" Jean schaltete sich ein: „Ich fürchte, ich werde keine Zeit haben. Hannah, kannst du Florian morgen nochmals begleiten? In Valletta habt ihr bestimmt noch viel zu sehen und zu entdecken." „Ja, ich bin frei." „Meine Tochter wird also morgen wieder deine Fremdenführerin sein." Florian freute sich.

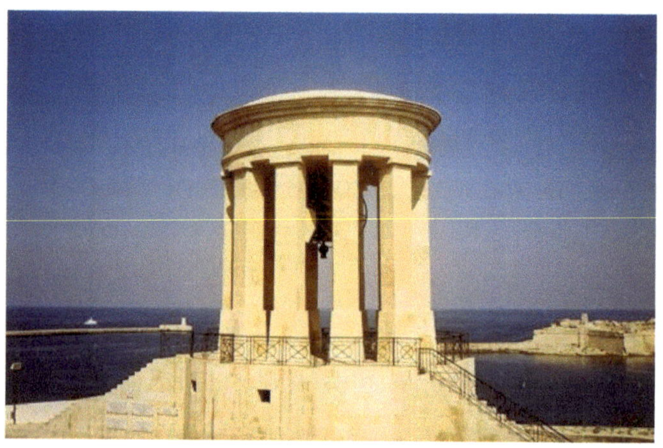

Siege Bell Memorial (Valletta)

Kapitel 11: Das Bild des Großmeisters...

Am nächsten Morgen gingen die Lektionen schon etwas zügiger voran. Aber der Unterricht gefiel Florian. Jean ließ ihn immer wieder sprechen. Sie korrigierte ihn in aller Ruhe und ließ sich ständig neue Übungen einfallen. So machte das Lernen Spaß. Wenn es etwas anstrengend wurde, legte sie eine kleine Pause ein. Dann erzählte sie ihm von ihrem Wohnort, Sliema. Nebenbei brachte sie ihm noch neue Wörter bei. Wenn Jean ihm die Grammatik erklärte, schienen die vielen Regeln plötzlich gar nicht mehr abschreckend. Sie war immer geduldig. Wenn er eine richtige Antwort gab, lobte sie ihn. Er spürte, wie seine Abneigung gegen Englisch längst gewichen war. Jean weckte sein Interesse für diese Sprache. Sogar die Hausaufgaben waren interessant. Bevor er mit Hannah loszog, machte Jean ihnen einige Baguettes zurecht. Sie steckte sie ihrer Tochter in ihren kleinen Rucksack. „Und nun: Los geht's!"

Auf dem Weg zum Bus erzählte ihm Hannah von der Familie ihrer Mutter. „Jean und ihre Familie kommen ursprünglich aus England. Wusstest du das? Mein Vater ist in Malta geboren." Es dauerte nicht lange, und der Bus nach Valletta hielt an. Die Strecke war Florian schon vertraut. Dort angekommen, sagte Hannah: „Jetzt besichtigen wir das berühmte «Manoel Theatre»." Sie holte ein kleines Buch aus ihrem Rucksack und zeigte ihm das Bild eines Großmeisters. *Der* sieht interessant aus, dachte Florian.

Der Großmeister hatte ein ovales, schönes Gesicht und dunkle Augen und war in ein schwarzes Gewand gehüllt. Auf der Vorderseite schaute ein weißes Tuch hervor. Es reichte ihm bis auf die Brust. Er trug ganz lange, gelockte Haare.   Vielleicht eine Perücke? Er hieß «Großmeister António Manoel de Vilhena.» 1731 gab er den Bau des Theaters in Auftrag und bezahlte ihn aus eigener Tasche. Er wollte ein Theater, das allen zugänglich war und gute Unterhaltung bot. Damals gab es zwischen den Theatern von Neapel, Palermo und Valletta einen regen Austausch.

Kapitel 12: Im Manoel Theatre

Florian und Hannah nahmen an einer Führung teil. Ein derart prächtiges Theater hatte Florian noch nie gesehen. Wie herrlich müssen damals die Aufführungen gewesen sein! Er stellte sich die Ritter und schöne Damen aus vornehmen Familien in herrlichen Kostümen vor, wie sie in Logen saßen, auf die Bühne hinabschauten, wie tosender Beifall aufkam und die Schauspieler sich verneigten. „Vorsicht, Stufen", flüsterte ihm seine Begleiterin zu. Fast wäre er gestolpert. Sie machte ihn auf die hervorragende Akustik aufmerksam. Florian hätte sich am liebsten gesetzt und sich ein Schauspiel angesehen.

Draußen angelangt, war es schön warm. Hannah lud ihn unterwegs auf ein «Kinney ein. „Das Getränk ist erfrischend und in Malta sehr beliebt." Ein Tisch war noch frei. Sie tranken ihr Kinney genüsslich mit einem Strohhalm. Dabei sahen sie den Passanten zu. Florian schmeckte es einmalig gut. Nicht süß, aber auch nicht bitter. Es war schwer zu beschreiben. Sie ruhten sich noch eine ganze Weile aus, bis Hannah fragte: „Wenn du willst, können wir noch die «Casa Rocca Piccola» besichtigen. Mitten im Zentrum, in der Republic Street." „Das hört sich interessant an." Er hatte keine blasse Vorstellung, was sie meinte. Hannah ging wieder voran. Zum Glück war es nicht weit. In Valletta liegt alles so nah, dachte er. Hier gefällt es mir. Für einen Moment überlegte er, ob er die Stadt nicht gegen Speyer eintauschen würde. Aber es war ja nicht durchführbar.

Kapitel 13: Casa Rocca Piccola

Bevor sie das Gebäude betraten, sagte Hannah: „Mir ist schon aufgefallen, dass du dich besonders für die Ritter des Ordens des heiligen Johannes interessierst. Weißt du, die Geschichte der Casa Rocca Piccola geht über 400 Jahre bis zu einer Zeit zurück, in der die Ritter entschieden, eine prächtige Stadt zu bauen. Sie hofften, sie würde mit anderen europäischen Städten, wie Paris oder Venedig, rivalisieren können." Hannah muß in Geschichte bestimmt eine Bestnote haben, dachte Florian. Wenn mein Geschichtslehrer auch so interessante Dinge erzählen würde...Er haut uns immer so viele Jahreszahlen um die Ohren. Auf einmal merkte er, dass Hannah schon vorausgegangen war.

Sie mussten nicht lange warten. Ein junger Mann übernahm die Führung. Florian traute seinen Augen nicht. *Was* für ein Haus! Wohin er auch schaute, ein Zimmer war prächtiger als das andere. In jedem gab es viele Überraschungen. Florian sperrte die Augen auf und sah sich in allen Ecken um. Was für Möbel, Kronleuchter, Gemälde, kostbare Gläser und Geräte! Es nahm kein Ende. Es gab so viel zu sehen, dass er kaum noch Zeit fand, zuzuhören. In einem Zimmer sah man Essbesteck aus purem Silber. Im nächsten Zimmer staunte er über das Portrait eines Mädchens, der «Marchesa Francesca Xara», und einen reich verzierten Bücherschrank. Es gab ein «grünes Zimmer», ein «blaues Zimmer», ein «Porphyrzimmer». In einem Schlafzimmer stand ein prächtiges Himmelbett. Der Fremdenführer machte die Gruppe auf «Nachtgeschirr aus venezianischem Glas» aufmerksam. Es war über 200 Jahre alt. An der hinteren

Wand zeigte er auf eine goldene Sänfte. Sie war innen mit Plüsch ausgelegt und über und über bemalt, ein Geschenk des portugiesischen Großmeisters Pinto.

Nach der Führung war Florian erst einmal still. Unglaublich, dieses Haus! Hier würde es mir auch gefallen. Hannah zeigte ihm noch den Souvenirshop, wo er einige Postkarten kaufte. Danach fuhren sie mit einem der schönen gelben Busse nach Hause.

Kapitel 14: Über den Dächern Maltas

Am Abend wartete Jean mit einer besonderen Überraschung auf. Sie deckte den Tisch auf der Dachterrasse. Florian blickte von oben herab und in die Weite. Der Ausblick war herrlich. Auf der einen Seite lag ein ganzes Häusermeer unter ihnen. Auf der anderen Seite sah man das Meer, Wellen, die immer aufs Neue heranrollten. Gischt schäumte auf, wenn Wasser sich an Felsen brach. In der Ferne fuhr ein riesiges, weißes Schiff. Florian brachte den Mund kaum zu. Mit *so* einer Aussicht hatte er noch nie zu Abend gegessen.

Die nächsten Tage vergingen wie im Flug. Der Englisch-Unterricht gefiel Florian mit jedem Tag besser. Einmal machten sie mit der ganzen Familie einen Ausflug nach «Mellieha» an den Strand. An einem anderen Tag fuhren sie nach «Mdina», eine schöne, geheimnisvolle Stadt. Die Fahrt dorthin dauerte etwas länger, da sie im Inneren des Landes lag. Auch die Hausaufgaben gingen Florian immer besser von der Hand und daher blieb genügend Zeit für Ausflüge. So besuchte er mit Hannah einen großen Saal, in dem die Ritter damals Kranke pflegten. Die Instrumente zur Krankenpflege waren aus purem Silber. Adrian nahm ihn einmal im Auto mit und zeigte ihm unterwegs Städte wie Naxxar, Hamrun und Mosta mit seiner berühmten, riesigen Kuppel. Es gibt hier so vieles zu sehen und zu entdecken. Dabei ist die Insel so klein!

Jean zeigte ihm englische Bücher. Darin waren Werke berühmter Autoren wie *Dickens*, *Jane Austen* und *Thackery* auf einfache Art nacherzählt. Am Ende der Seite standen die Vokabeln. Jean ließ ihn die Wörter abschreiben. Sie übte so lange mit ihm, bis er ihre Bedeutung auswendig wusste. Mittlerweile trug Florian ein T-Shirt mit der Aufschrift MALTA und fühlte sich immer mehr zu Hause.

Kapitel 15: Armer Herr Buttigieg...

Eines Morgens – Hannah war schon mit dem Frühstück fertig – sagte Jean zu ihrem Mann: „Es scheint, dass Herr Buttigieg sein Haus nicht verkaufen kann." „Herr Buttigieg? Du meinst, der Mann, der im Haus gegenüber wohnt?" „Genau." „Warum kann er es nicht verkaufen?" „Gestern, so habe ich gehört, soll noch jemand gekommen sein, um es zu besichtigen, aber" „Aber?" „Es scheint, es gibt Gerüchte über einen Geist, der das Haus heimsuchen soll. Als der Interessent das hörte, zog er sich zurück." „Oh, wirklich?" „Armer Herr Buttigieg. Er scheint langsam die Hoffnung zu verlieren. So ging es schon mehrmals." „Weiß Herr Buttigieg von dem Gerücht?" „Ich weiß nicht, glaube nicht. Ich werde ihm nichts erzählen. Es ist ja offensichtlich Unsinn."

Nach den Hausaufgaben traf Florian mit Hannah zusammen. Er gab ihr ein Zeichen, ihm zu folgen. Sie zogen sich in den Garten zurück. Er flüsterte: „Ich habe vorhin zufällig etwas gehört." „Was denn?" „Deine Mutter sagte, ein Herr Buttigieg oder so ähnlich." „Das ist korrekt, ich kenne ihn." „Er kann sein Haus nicht verkaufen." „Warum?" „Deine Mutter", flüsterte ihr Florian ins Ohr, „erwähnte ein Gerücht, über einen Geist!" Hannah sah ihn ungläubig an. „Bist du sicher?" „Ja! Über einen Geist in seinem Haus. Ein Mann zeigte Interesse an seinem Haus. Dann hörte er von dem Geist und" „Und kaufte das Haus nicht, verstehe." Hannah zog die Stirn in die Höhe und sah ihr Gegenüber nachdenklich an. „Komm, lass uns nach draußen gehen."

Sie näherten sich, möglichst unauffällig, dem Haus von Herrn Buttigieg. Florian sah sich in der Straße um. Die Balkone waren eine Augenweide. Es dauerte nicht lange, bis sie Herrn Buttigieg erspähten. Er kam gerade eine kleine Treppe herab, hielt eine Zeitung in der Hand und blickte nachdenklich auf seinen kleinen Vorgarten. Als er Hannah sah, nickte er zerstreut.

„Guten Morgen, Herr Buttigieg", rief Hannah. Sie gingen langsam auf ihn zu. „Guten Morgen, meine Liebe", antwortete Herr Buttigieg sorgenvoll. Er bemühte sich, freundlich zu sein. Aber man sah, dass ihn etwas beschäftigte. „So, heute begleitest du wieder euren Gast aus Deutschland?" Florian wunderte sich: Woher weiß er, dass ich aus Deutschland komme? Ich habe doch ein T-Shirt an, auf dem MALTA steht. „Ja. Also haben Sie davon gehört. Nun, wir gehen nachher zur Bushaltestelle." „Aha! Ein kleiner Ausflug, Sehenswürdigkeiten besichtigen. So ist's recht." Herr Buttigieg war nicht ganz bei der Sache. Er stemmte einen Arm in die Seite und kratzte sich am Kopf. Dann sagte er plötzlich: „Wir waren doch immer gute Nachbarn, oder?" „Natürlich!", beteuerte Hannah, ganz überrascht. „Warum sollten wir nicht?" „Nun, vielleicht hast du ja schon davon gehört. Ich wollte mein Haus verkaufen. Wir brauchen das Geld. Das Haus ist noch nicht so alt. Teile davon habe ich renovieren lassen. Vor zwei Tagen kam wieder ein Interessent. Zunächst wollte er es kaufen, aber später rief er an und sagte ab! Es scheint, ich kann es nicht verkaufen. Und ich weiß nicht, warum?" Herr Buttigieg gestikulierte mit einer Hand, atmete tief durch, blickte verdrossen drein. „Es tut mir wirklich leid, das zu hören." „Danke, meine Liebe", antwortete Herr Buttigieg. „ Es scheint aber nicht jedem leid zu tun", fügte er mit leiserer Stimme hinzu und bewegte dabei den Kopf nach rechts. „Nicht jedem? Wie meinen Sie das?" „Nun, weißt du, mein Nachbar, Herr Mifsud. Ich sah heute morgen ganz deutlich, wie er grinste. Er schien, nun, wie soll ich sagen, er schien zu triumphieren! Es sah aus, als würde er sich freuen!" „Oh!", rief Hannah bestürzt aus. „Aber, bitte!" Herr Buttigieg legte sich den Zeigefinger auf die Lippen.

Hannah und Florian gingen für eine ganze Weile schweigend in Richtung Bushaltestelle. Eine seltsame Geschichte, dachte er. Das Haus sieht gut aus. Jean sagte doch, dass viele Leute zu gerne in Sliema wohnen würden. Da müsste es doch gut zu verkaufen sein. An der Uferpromeade angekommen, sagte Hannah: „Diese Geschichte kommt mir verdächtig vor." „Meinst du?" „Es hört sich seltsam an...Irgend etwas stimmt da nicht."

Kapitel 16: Auf den Spuren der Ordensritter

Sie nahmen den Bus bis «Birgu». Florian gefiel dieser Ort ganz besonders. Hannah führte Florian in eine Kapelle, in der noch ein Hut von La Valette zu sehen war. In Schaukästen entdeckten sie viele kostbare Gegenstände aus längst vergangenen Zeiten. So zum Beispiel einen Brief, den einer der «Knights of St John» einst nach Hause schrieb.

Danach streiften sie durch die Gassen, besichtigten einen alten Palast und bewunderten die Schönheit alter Gebäude. Hannah führte Florian noch nach «Senglea», einer der schönsten Städte Maltas. Dort setzten sie sich unterwegs an den Tisch eines kleinen Restaurants, bestellten einen Teller Pommes Frittes und ein Kinney. Vom Meer her kam ein angenehm frischer Wind auf. Ihre Gedanken kehrten zu Herrn Buttigieg und der Geschichte mit seinem Haus zurück. Hannah sagte: „Was meinst du? Was sollen wir tun? Ich will wissen, warum er sein Haus nicht verkaufen kann." Sie sah ihn nachdenklich an. „Deine Mutter erwähnte ja das Gerücht über den Geist." „Ja und es scheint, er weiß nichts davon." „Sollen wir es ihm sagen?" „Vielleicht besser nicht."

Mami, weißt du, warum Herr Mifsud, der Nachbar von Herrn Buttigieg, ihn nicht mag?" Jean aß ihr Toastbrot zu Ende. Danach bemerkte sie: „Es scheint, dass Herr Mifsud etwas schwierig im Umgang ist. Aber wir müssen vorsichtig sein. So genau wissen wir es nicht." „Herr Buttigieg tut mir leid." Adrian schaltete sich ein: „Herr Buttigieg ist ein netter Mann, immer freundlich. Aber wenn ein Gerücht über einen Geist aufkommt..." „Soll das heißen, dass du an Geister glaubst?" fragte Jean. „Wer weiß? Entweder ist es nur ein Gerücht, oder..."Jean blickte nachdenklich vor sich hin. Geister? dachte Florian. Hm, ob es wirklich Häuser gibt, in denen es spukt? Und wenn es nur ein Gerücht ist und gar nicht stimmt? „Eine seltsame Geschichte", kommentierte Hannah. „Nun, ich hoffe, ihr habt jetzt nicht vor, Detektive zu spielen", sagte Jean scherzhaft. Nun schmunzelten alle und Jean wechselte das Thema.

Kapitel 18: Sag mal, dieser Nachbar…

Wieder gingen einige Tage ins Land. Jean war mit dem Lernfortschritt ihres Schülers zufrieden. Während Nicky immer noch mit Grippe im Bett lag, fuhren Hannah und Florian nach «Marsascala» und streiften durch das malerische Fischerdorf «Marsaxlokk». Doch die Sache mit Herrn Buttigieg ließ Hannah keine Ruhe. Eines Morgens fragte sie ihre Mutter: „Sag mal, dieser Nachbar von Herrn Buttigieg…Sie scheinen ja nicht wirklich befreundet, warum eigentlich?" „Sie sollen eines Tages wegen eines Geschäfts Streit gehabt haben. Aber so genau weiß ich das nicht. Also: *Bitte*!" Sie legte einen Finger auf den Mund.

Zwei Tage später, kurz bevor sie zum Bus gehen wollten, blickte Hannah aus dem Fenster. Da sah sie, wie ein Ehepaar nach einem Haus suchte. Es schien, sie waren sich über die Hausnummer nicht sicher. Hannah und Florian machten sich auf den Weg. In Nähe des Hauses von Herrn Buttigieg sahen sie, wie die beiden sich noch immer suchend umsahen. „Kann ich Ihnen helfen?" „Das ist nett von dir. Wir suchen das Haus eines gewissen – wie hieß er noch gleich, George? – Buttigieg, richtig." „Es ist das Haus da drüben." „Ja, das muss es sein. Wir sind aus Hamrun. Deshalb kennen wir uns hier in der Gegend nicht so gut aus. Vielen Dank nochmals."

Die Dame nahm das Haus in den Blick: „Ein schönes Haus, schon von hier aus gesehen!" Ihr Mann stimmte zu. „Auch der Garten", murmelte die Dame. Ihr Mann nickte erfreut. „Komm, wir klingeln und sehen es uns von innen an", sagte die Dame. „Einen schönen Tag noch." „Ihnen auch", gab Hannah zurück. Hannah und Florian gingen weiter. Das Ehepaar näherte sich der Haustür. Unterwegs sagte Hannah: „Ich hoffe, dass Herr Buttigieg diesmal Glück hat."

Kapitel 19: Ich kann es mir nicht erklären…

Als sie sich am nächsten Mittag wieder auf den Weg machten, sahen sie, wie Herr Buttigieg in seinem kleinen Vorgarten die Blumen goss. „Ich denke, er wird gute Nachrichten haben", vermutete Hannah. Doch Herr Buttigieg zeigte ein finsteres Gesicht.

„Guten Morgen", sagte er, „auch wenn dieser Morgen überhaupt nicht gut begonnen hat!" „Was ist passiert?" „Gestern kamen wieder Leute mit Interesse an meinem Haus…" „Ja, wir trafen sie. Ein Ehepaar aus Hamrun, und?" Herr Buttigieg blickte erstaunt auf. Hannah wusste aber gut Bescheid. „Ja, in der Tat. Herr und Frau Chetcuti, sagten sie. Na, ja, egal." Herr Buttigieg wischte sich mit dem Handtuch über die Stirn. „Ich kann es mir nicht erklären. Es gefiel ihnen doch so gut! Sie sagten es mir, wollten mein Haus kaufen und stimmten den Bedingungen zu!" „Und?" „Und dann, vor einer halben Stunde, riefen sie an: «Tut uns leid, Herr Buttigieg. Aber ein *solches* Haus können wir natürlich nicht kaufen!»

Ein solches Haus!" Herr Buttigieg warf seine Kappe auf die Gartenbank. „Haben sie Ihnen erklärt, was sie meinten?" „Nein, überhaupt nicht! Ich verstehe nicht." „Es tut mir leid, Herr Buttigieg." „Mir auch!", wagte sich Florian hervor. „Danke euch!", erwiderte Herr Buttigieg. Dann schlich er traurig ins Haus zurück.

Hannah dachte nach. Eine ganze Weile lief sie stillschweigend neben Florian. Auch am Strand von Mellieha sprach sie das Thema nicht mehr an. Doch nach dem Abendessen gab sie Florian ein Zeichen. „Komm für einen Moment in den Garten." Sie flüsterte ihm ihren Plan ins Ohr: Morgen, so verstand Florian, wollte sie zusammen mit ihm nach Hamrun fahren. Die Adresse des Ehepaars Chetcuti hatte sie schon ausfindig gemacht. Mehr wollte sie jetzt nicht verraten.

Kapitel 20: Hannah verfolgt eine Spur

Am anderen Tag war Herr Buttigieg nicht zu sehen. Hannah und Florian fuhren über Valletta mit dem Bus bis Hamrun. Wie Hannah ihm erklärte, war dieser Ort auch für seine schönen Balkone bekannt. Das Haus der Chetcutis zu finden, war nicht schwer. Langsam wird es spannend, dachte Florian. Jean und Adrian wussten nichts von ihrem Plan. Von der Bushaltestelle aus ging es geradeaus, dann zweimal links, nächste Straße rechts, und schon kam das Haus in Sichtweite. Hannah atmete noch einmal durch, bevor sie klingelten. Nach einer Weile hörte man im Inneren des Hauses Stimmen. „Moment bitte!" Dann öffnete sich die Tür. Als Frau Chetcuti Hannah und Florian vor sich sah, war sie mehr als erstaunt.

„George! Komm mal, bitte: Was für eine Überraschung! Das Mädchen und der Junge, die wir in Sliema getroffen haben! Ich erinnere mich gut an euch. Nun?" Sie war sichtlich erfreut. „Woher wusstet ihr, wo wir wohnen?" Frau Chetcuti ging ihnen voraus. Sie öffnete die Tür zum Wohnzimmer. „George? G E O R G E!" Sie wandte sich wieder Hannah und Florian zu. „Sein neues Hörgerät funktioniert nicht richtig. Ihr kommt uns also besuchen. So eine Überraschung! Ein Glass Mineralwasser, Orangensaft?" „Ja, danke", sagte Hannah, nachdem sie zuvor mit Florian einen Blick austauschte. Frau Chetcuti brachte zwei Gläser und Getränke. Während sie einschenkte, sagte Hannah: „Wir sind aus einem bestimmten Grund hier, Frau Chetcuti." „So?" Ihr war die Verwunderung ins Gesicht geschrieben. „Wir kennen Herrn Buttigieg." Das Gesicht von Frau Chetcuti verfinsterte sich. „Er ist wegen seines

Hauses sehr betrübt. Wir mögen ihn und" Frau Chetcuti schnitt ihr das Wort ab:

„Nun, schön, dass ihr ihn mögt. Aber, wer ein Haus kaufen will, muss sich das schon gut überlegen, nicht wahr, George?" Ihr Mann schlurfte ins Zimmer und begrüßte die Besucher. Auch er war verwundert, die jungen Besucher zu sehen. „Er sagte, dass sein Haus Ihnen gefallen hat. Er kann nicht verstehen, warum sie wieder abgesagt haben. Wir würden ihm gern helfen." Nun war Frau Chetcuti gerührt. „Du bist aber ein liebes Mädchen, nicht wahr, George?!" Sie strich ihr über das Haar. Ihr Mann nickte. Dann hustete er schwer und rückte sein Hörgerät zurecht. „Oh, ja, ein liebes Mädchen, du sagst es", murmelte er. „Hör zu, meine Liebe: Es ist wahr, das Haus gefiel uns, aber" „Aber?" „Bis wir diese Geschichte erfahren haben." Hannah und Florian rückten näher. „Welche Geschichte denn?" Frau Chetcuti zog einen Brief hervor, überreichte ihn Hannah und sprach: „Normalerweise würde ich es nicht erzählen. Aber da ihr so nett seid und euch solche Mühe gemacht habt, eigens nach Hamrun zu fahren." Hannah und Florian lasen den Brief zusammen. An einer Stelle sperrten sie Mund und Augen auf.

„Ein anonymer Brief! Eine Warnung vor «einem Geist, einem Haus, in dem es spukt!»" „Nun, es heißt, dass dies in der Nachbarschaft ringsum bekannt ist. Jetzt wissen wir, warum er sein Haus nicht verkaufen kann! Und warum er es versucht." Hannah stand auf und erhob ihre Stimme: „Aber *wer* sagt denn, dass das *wahr* ist?" „Der Brief, meine Liebe. Und die Tatsache, dass er es nicht verkaufen kann! Deshalb muss es wahr sein. Sonst könnte er es ja

verkaufen. Habe ich nicht recht, George?" „Natürlich",
brummelte ihr Mann und hustete. „Jetzt wird mir alles
klar!" sagte Hannah. Sie blickte in die Runde.

„Wie bitte?", fragte Frau Chetcuti. Sie griff mit einer
Hand nach ihrer Halskette. „In diesem Haus gibt es und
gab es nie einen Geist! Herr Buttigieg hätte es mir erzählt!
Er ist ein ehrenwerter Mann!" „Bist du dir *sicher*?" fragte
Frau Chetcuti. Es schien, sie wusste nun gar nicht mehr,
was sie denken sollte. „Aber der Brief!", warf sie ein. „Jeder kann einen solchen Brief schreiben!" Frau Chetcuti
blickte ratlos zu ihrem Mann. Doch der war mit seinem
Hörgerät beschäftigt. „Darf ich den Brief haben?", fragte
Hannah. Der Gesichtsausdruck von Frau Chetcuti sah aus,
wie ein Fragezeichen. „Nun, ich bin mir nicht sicher. Ich
weiß nicht, was meinst du, George?" Ihr Mann zuckte die
Achseln. „Vertrauen Sie uns. Alles wird sich aufklären. Wir
werden Sie informieren." „Ich bin mir wirklich nicht sicher,
aber: Also gut! Hier ist der Brief."

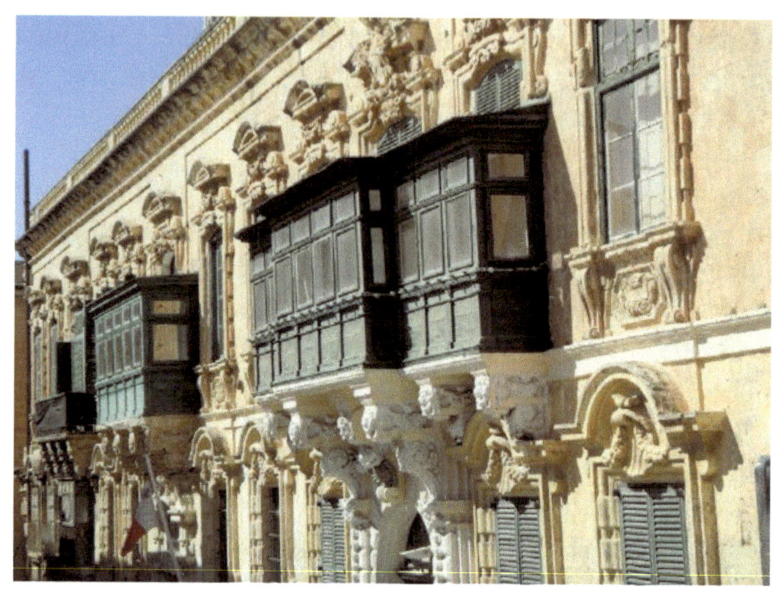

Maltesische Balkone

Kapitel 21: Oh, Hamrun…

Hannah und Florian machten sich mit dem anonymen Brief auf den Heimweg. Hannah versteckte ihn in ihrem kleinen Rucksack. Unterwegs, im Bus, war sie die meiste Zeit still. Es schien, dass sie nachdachte. Beim Abendessen fragte Jean: „So, erzählt mal. Wie war euer Ausflug?" Hannah räusperte sich: „Heute habe ich Florian Hamrun und die Umgebung gezeigt." „Oh, Hamrun und seine schönen Balkone!" Wenn sie wüssten, dachte Florian. Er sah Frau Chetcuti und ihren Mann wieder vor sich und wie Frau Chetcuti Hannah den anonymen Brief aushändigte. *Das* hat sie aber auch geschickt gemacht! Sie ist viel schlauer als ich…Auch deshalb wäre es bestimmt gut, wenn ich bald wieder nach Malta käme. Von ihr kann ich viel lernen. Aber noch bin ich ja da. Wie wird es jetzt weitergehen?

Am nächsten Tag war Florian während des Englisch-Unterrichts nicht besonders aufmerksam, war er doch schon so gespannt, was Hannah jetzt mit dem Brief vorhatte. „Florian, geht es dir gut? Mir scheint, du bist heute etwas unkonzentriert." „Es muss an der Sonne liegen", sagte Florian. Jean lächelte und zog zugleich die Stirn in die Höhe. Während der Übungen erzählte sie ihm von der Zeit, als die Engländer über Malta herrschten. Deshalb können so viele Malteser Englisch! dachte Florian. Wenn sie einmal über die Deutschen geherrscht hätten, wäre ich jetzt vielleicht gar nicht hier.

Kapitel 22: Kenne ich euch?

Mit den Hausaufgaben war er diesmal schnell fertig. Er brachte sein Buch und sein Schulheft auf sein Zimmer. Als er die Treppe herunterkam, wartete Hannah auf ihn. Jean hatte die Baguettes schon in ihrem Rucksack verstaut. „Komm, lass uns gehen." Sie sah sich noch einmal um. Niemand sah ihnen nach. Sie beschleunigte ihren Schritt. Jetzt wurde es spannend. „Und nun?", fragte er. Hannah deutete zum Nachbarhaus von Herrn Buttigieg.

„Oh! Ich dachte, wir würden zu Herrn Buttigieg gehen." Sie schüttelte den Kopf. Von Herrn Buttigieg war nichts zu sehen. Sie passierten sein Haus, öffneten ein Gartentor und gingen zum Eingang des Nachbarhauses. Da bewegte sich plötzlich etwas an einem Vorhang. Ein Gesicht verschwand. Hannah klingelte. Florian holte tief Luft. Wie ich sie bewundere...Seine Begleiterin klingelte nochmals. Nun hörte man Schritte. „Einen Moment!" Die Tür öffnete sich. Herr Mifsud, der Nachbar von Herrn Buttigieg, kniff ein Auge zusammen und blickte die beiden verwundert an. „Zu wem wollt ihr? Nun?" „Guten Morgen", sagte Hannah mit ernster Miene. „Dürfen wir kurz hereinkommen?" „Kurz hereinkommen??", wiederholte der Nachbar verwundert. „Wir müssen Ihnen etwas Wichtiges sagen!" Herr Mifsud zögerte einen Moment. Doch dann winkte er die beiden herein und schloss die Tür hinter sich.

„Nehmt Platz."

Florian wurde es etwas mulmig. Vielleicht wären wir besser an der Türschwelle geblieben, dachte er. Hannah hätte ihm doch auch dort etwas sagen können. „Kenne ich euch?" „Noch nicht." Der Nachbar sperrte die Augen auf. Hannah blickte ihm gerade ins Gesicht. „Herr Buttigieg, Ihr Nachbar versucht sein Haus zu verkaufen." „Oh, ja, das habe ich gehört", murmelte er. „Und?" „Und es scheint, er kann es nicht verkaufen." „In der Tat? Das tut mir aber leid für ihn." „Und wir wissen, warum!", sagte Hannah. Der Nachbar von Herrn Buttigieg kniff nun das andere Auge zusammen. Hannah stand auf. Soll ich jetzt auch aufstehen? *Die* geht aber ran! Hannah setzte ihren Rucksack ab, fasste mit einer Hand hinein und suchte, bis sie den Brief zwischen den Fingern hielt. Sie zog ihn heraus, nahm ihn aus dem Umschlag und hielt ihn dem Nachbarn vor die Augen:

„Wegen Ihrer anonymen Briefe! *Deshalb* kann er sein Haus nicht verkaufen!" Der Nachbar wurde auf einmal bleich. „Die Handschrift wird Ihnen bekannt vorkommen. Es ist Ihre!" Florian hielt den Atem an. „Leugnen Sie nicht! Wir wissen alles. Sie haben öfter solche Briefe verschickt, nicht wahr?" Der Nachbar schnappte nach Luft, wie ein Fisch auf dem Land. „Ich, hm, ich" Er setzte sich in einen Sessel. „Ich werde es nicht leugnen!", begann er erneut. „Wir hatten einmal Streit, und ich dachte mir: Na, warte, das zahle ich dir zurück! Das war nur gerecht." „War es nicht! Sie sollten die Vergangenheit vergessen. Herr Buttigieg ist kein schlechter Mann. Sie sind Nachbarn und sollten in Frieden leben."

Der Nachbar blinzelte und sah Hannah erstaunt an. „Wirst du..., ich meine, wirst du es ihm erzählen?" Er beugte sich plötzlich nach vorn. Hoffentlich wird er jetzt nicht wütend, dachte Florian. „Nein. Aber Sie werden solche Briefe *nie wieder* verschicken." Der Nachbar nickte. „Einverstanden."

Er blickte geradeaus. Durch das Fenster konnte er Herrn Buttigieg sehen. Der kam gerade aus dem Haus, ging langsam die Treppen hinunter und in den Garten. „Sehen Sie, wie traurig er ist?" Herr Mifsud hustete. „Ja, das muss ich zugeben. Du hast recht, er sieht traurig aus." Dann dachte er einen Moment nach. „Ich kenne jemanden, der ein Haus sucht! Ich glaube, dass er und seine Familie gerne in Sliema wohnen möchten. Ich könnte ihn anrufen." „Fantastisch!", rief Hannah aus. Vielleicht ist er auch froh, wenn Herr Buttigieg wegzieht, dachte Florian. Herr Mifsud suchte die Telefonnummer, wählte und bekam gleich jemand in die Leitung. Fünf Minuten später sagte er: „Sie kommen heute Nachmittag und sehen sich sein Haus an."

Kapitel 23: Das freut uns für Sie!

Als sie sich am nächsten Tag dem Haus von Herrn Buttigieg näherten, winkte ihnen dieser schon von weitem. „Guten Morgen!" „Guten Morgen, Herr Buttigieg." „Es scheint, es ist wirklich ein guter Morgen." „Das hört man gern. Warum denn?" Er deutete auf sein Haus. „Gestern kam ein Ehepaar aus Naxxar. Sie sagten, sie würden gerne in Sliema leben." Er machte es spannend. „Ich habe hier ein Haus!" Er lachte hell auf. „Sie kamen also und es gefiel ihnen?" fragte Hannah strahlend. „Ja und wir sind uns einig geworden." „Das freut uns *sehr* für Sie, Herr Buttigieg. Obwohl es mir leid tut, dass wir dann wohl bald keine Nachbarn mehr sein werden." „Ja, mir geht es auch so. Gleichzeitig froh und betrübt." „Aber Sie kommen doch bestimmt ab und zu nach Sliema und besuchen uns?" „Das werde ich tun." Herr Buttigieg strahlte. „Und ihr beide werdet mich besuchen kommen." „Bestimmt! Einen schönen Tag noch, Herr Buttigieg." „Einen schönen Tag", schloss sich Florian an. Ich soll ihn auch besuchen? grübelte er. Dann muss ich wirklich noch einmal nach Malta kommen...

Herr Buttigieg dankte und winkte den beiden nach. Hannah strahlte über das ganze Gesicht. Sie ging mit Florian in Richtung Uferpromenade. Unterwegs gab es nur *ein* Thema. *Endlich* kann Herr Buttigieg sein Haus verkaufen. Herr Mifsud wird sich bestimmt nicht mehr trauen, einen anonymen Brief zu verschicken. *Der* hatte eine Lektion bekommen!

Kapitel 24: Ausflug nach Gozo

Möchtest du mit dem Schiff fahren?"
Florian blickte hinaus auf das Meer. „Ich bin mir nicht sicher." Er blickte Hannah ratlos an. So setzten sie sich erst einmal auf eine der Bänke in Nähe des Wassers. Von dort hatte man eine herrliche Aussicht auf Valletta. Ach, hier gefällt es mir, dachte er. Am liebsten würde ich noch ein paar Wochen länger bleiben. Aber das war ja nicht möglich. Das Datum stand ja schon auf dem Flugticket. Er wurde ganz betrübt. „Stimmt etwas nicht?" Er wachte wieder aus seinen Gedanken auf. „Nein, es ist nur so, dass" „Sag schon." „Ich kann nicht mehr lange hier bleiben." Hannah zog die Stirn in die Höhe, eine Geste, die er schon kannte. Sie zuckte mit den Achseln, als wollte sie sagen: Was kann man da machen? „Versuche, wiederzukommen." Er überlegte. „Wenn mein Englisch besser wird, schickt mein Vater mich bestimmt nicht noch einmal hierher." „Ich verstehe." Nach einer Weile fügte sie hinzu: „Deine Englisch-Noten werden bestimmt besser. Aber vielleicht denkt ja dein Vater, dass sie noch nicht gut genug sind." „Das hoffe ich."

Die Fahrt mit dem Schiff nach *Gozo* war aufregend. Florian wagte sich nicht an Deck. Die See war zwar ruhig, die Wellen gingen nur leicht. Aber das Schiff schaukelte manchmal ein wenig. Er schaute aus dem Fenster. Mit diesem Meer konnte man den Rhein zu Hause nicht vergleichen.

Hannah erzählte ihm nun von Gozo, der kleinen Nachbarinsel. Daneben gab es noch eine Insel, die noch kleiner war: «Comino». Dort lebten nur ganz wenige Leute. Es dauerte gar nicht so lange, und schon legte das Schiff in Gozo an.

„Die Leute hier sind nicht ganz so lebhaft wie die Malteser", erklärte sie. Florian fiel bald auf, dass Gozo viel grüner war als die größere Insel Malta. Die Einwohner schienen etwas ruhiger. Die Beiden gingen erst in einen kleinen Park, wo man sich setzen konnte. Dort machten sie sich über die Baguettes her. Nach einer Pause zogen sie los. Hannah zeigte ihm die Hauptstadt Gozos, Victoria, und die Zitadelle. Danach ging es gleich weiter zu einer Gozo Multimediashow, «Insel der Freude», die ein wenig an die Malta Experience Show erinnerte.

Nach der Filmvorführung führte sie ihn zu den alten Wehrmauern. Von dort hatte man einen fantastischen Blick über die Insel, bis nach Malta. Sie erzählte ihm, wie die Bevölkerung früher die Nacht innerhalb der Festungsmauern verbringen musste. Sie hatten Angst vor Invasoren. Doch 1551 stürmten türkische Korsaren die Zitadelle. Fast die gesamte Bevölkerung Gozos wurde verschleppt. Florian hörte gespannt zu. Ihn schauderte bei der Vorstellung. „Heutzutage", sagte Hannah, „können die Leute auf Gozo in Frieden leben." Sie besichtigten noch ein Naturkundemuseum. Dann war es schon wieder Zeit für die Heimfahrt.

Kapitel 25: Und was noch seltsamer ist...

Zu Hause angekommen, wartete Jean mit einer Überraschung auf. „Diesen Abend werden wir in «La Cuccagna» essen." „Es ist eine Pizzeria, hier in der Nähe", erklärte Hannah.

Das Restaurant, mit vielen dunklen Holzbalken an der Wand und Decke, wirkte gemütlich. Der Chef des Hauses stand vor einem Kamin. Darin loderte Feuer auf. Jeder suchte sich eine Pizza aus. Der Kellner lächelte, als er die Bestellungen aufnahm, verbeugte sich und ging weiter.
„Heute bekam ich einen Anruf von Herrn Buttigieg", sagte Jean. Hannah blickte überrascht auf. Florian hüstelte erschrocken. „Oh, wirklich?" „Ja, er war sehr froh. Er kann endlich sein Haus verkaufen. Er kommt dieser Tage vorbei, um sich zu verabschieden." „Das freut mich für ihn", sagte Hannah und schaute dabei nochmals in die Speisekarte. „Etwas seltsam, nicht wahr?", warf Adrian ein. „Lange Zeit konnte er es nicht verkaufen und auf einmal." „So ist das Leben, nicht wahr?", sagte Hannah. „Und was noch seltsamer ist", hakte Jean nach, „sein Nachbar, Herr Mifsud, spricht wieder mit ihm." Hannah blickte zum Kamin. „Die Pizza sollte bald kommen, ich habe Hunger." „Hannah?" „Ja?" Jean sah aus, als grübele sie über etwas. „Hast du vielleicht zufällig mit seinem Nachbarn gesprochen?" „Vielleicht. Ich denke, das ist gut möglich", gab sie zurück. Alle lachten schallend.

Kapitel 26: Die Tempel von Hagar Qim

Am Tag vor seiner Abreise besichtigten Adrian, Hannah und Florian die Tempel von «Hagar Qim» und «Tarxien». Jean konnte leider nicht mitkommen, da Nicky immer noch mit Grippe im Bett lag. Florian war im Anblick der Tempel ganz überwältigt. So etwas hatte er noch nie gesehen. Wie konnten die Menschen damals nur so schwere Steinplatten befördern? Adrian erklärte: „Die Tempel stammen aus der Zeit um 3800 bis 2500 vor Christus." Florian dachte, er höre nicht recht. Adrian dirigierte ihn und Hannah vor die Tempelanlagen. Dann machte er einige Fotos. „Ich schicke dir die Bilder." Florian wurde traurig. Er wird sie mir schicken, dachte er: Nach Deutschland...

Danach hatte Adrian eine Idee. Er besprach sich kurz mit seiner Tochter und ging danach zum Auto voraus. Sie fuhren noch einmal nach Valletta. Ziel war das «Archäologie-Museum» Es war in einer ehemaligen Herberge des Johanniterordens untergebracht. Adrian zeigte Florian Fundstücke aus den Tempelanlagen, wie Tongeschirr und Skulpturen. Es gab auch Bruchstücke von verzierten Felsblöcken zu sehen. Die gehörten einmal zu den Tempeln. „Und nun zeige ich dir etwas ganz Besonderes", versprach er. „Die schlafende Frau." Er deutete auf eine Skulptur. Eine schwergewichtige Frau lag auf einer Steinplatte.

Es sah aus, als schlafe sie ganz, ganz tief. „Sie wurde im «Hypogäum», in Paola, gefunden", erklärte Adrian. „Die Statue ist prähistorisch. Vielleicht 4000 oder 5000 Jahre alt. Man nennt sie «Die Träumerin» oder «Die Venus von Malta»." Florian war sprachlos und Adrian ging langsam zum Ausgang voraus.

Kapitel 27: Wir bleiben in Kontakt

Am nächsten Tag, nach dem Mittagessen, packte Florian seine Sachen zusammen. Er war inzwischen richtig braun geworden. Wenn er daran dachte, wie bedrückt er vor der Anreise war. Nun war ihm so ähnlich zumute, wenn er an den Abschied dachte. Zu seiner Überraschung tauchte Nicky auf. Er hatte sich erholt und wollte sich zumindest verabschieden. „Ich hoffe, du kommst bald wieder, Florian." „Das hoffe ich auch."

Die Fahrt zum Flughafen ging so schnell vorüber. Florian schaute noch einmal aus dem Fenster. Manchmal wirbelte etwas Staub auf, wenn Adrian eine Kurve nahm. Es war schon schön warm. Hannah saß neben ihm. „Ich schreibe dir bald, versprochen!" „Ich dir auch und ich…" „Ja?" „Ich hoffe, ich kann bald wiederkommen! Oder du kommst uns besuchen! Ich kann ja meinen Eltern erzählen, dass du so viel in Geschichte weißt, eine gute Aussprache hast, mir viel beigebracht hast und" Hannah lächelte: „Wir bleiben in Kontakt."

Adrian hielt in Nähe des Flughafeneingangs und trug Florians Koffer. Sie betraten die Eingangshalle des Flughafens. In der Mitte der Halle entdeckte Florian schon den Vater des Jungen, den er vom Hinflug kannte. Er winkte ihm zu. Nun kam der Moment, den er gefürchtet hatte. „Vielen Dank für alles". „Dir auch und komm bald wieder!" sagte Jean. Er drückte jedem die Hand.

„Dies ist eine kleine Überraschung für dich. Öffne es, wenn du wieder zuhause bist." „Danke, Hannah." Er drückte ihr fest die Hand. Dann fasste er seinen Koffer und ging ganz schnell weiter. Nach ein paar Metern drehte er sich um. Jean, Adrian und Hannah standen noch immer da und winkten ihm ein letztes Mal zu.

Als das Flugzeug schon hoch in der Luft war, blickte Florian noch einmal hinab. Ganz tief unter ihnen waren die Festungsmauern Maltas zu sehen. Das da muss der Grand Harbour sein, dachte er. Da in der Nähe, in den Upper Barracca Gardens, habe ich mit ihr gesessen. Nun kramte er in seinem Rucksack herum, bis er ihr Abschiedsgeschenk fand. Nein, er konnte nicht länger warten! Er packte es aus, hielt eine schöne, dunkelblaue Tasse in der Hand und erkannte sogleich Sehenswürdigkeiten von Malta: Die schönen, gelben Busse, Tempel, die Kuppelkirche von Mosta und Ordensritter. Vorn auf der Tasse stand in großen Buchstaben: I LOVE MALTA! Florian dachte an Hannah, schloss die Augen und hielt die Tasse ganz fest in seinen Händen.

Kapitel 1: DER SELTSAME HERR SALIBA

Da hatte sich die Lehrerin aber etwas Schönes einfallen lassen: „Anstatt der Hausaufgaben möchte ich, dass du den «Palast des Großmeisters und die Waffenkammer» besichtigst. Beobachte alles und mache dir Notizen. Morgen erzählst du mir von deinen Eindrücken, ja? Wir müssen deinen mündlichen Ausdruck verbessern!"

Michael verbrachte mittlerweile über eine Woche in Malta und nahm Einzelunterricht beim «Britannia College» in Valletta. «Private tuition» hieß das auf Englisch. Das klang fast so, als säße man mit seiner Lehrerin gemütlich am offenen Kamin, das Feuer prasselt, und sie plaudert bei einer Tasse Tee aus ihrer Kindheit. Aber weit gefehlt: Der Unterricht war intensiv. Die ganze Zeit mit ihr allein, da gab es kein Entkommen...

Er streifte durch die «Republic Street». Wie schnell war es heiß geworden. Michael warf einen Blick auf seinen Stadtplan und näherte sich langsam einem der «main gates», der Haupteingänge des Palastes. Er sah hinauf zum Balkon und ließ seinen Blick über dorische Säulen gleiten. Der Innenhof war beeindruckend schön: Wie angenehm schattig es auf einmal war! Er betrachtete Bäume, Balkone, Palmen und Arkaden, bis er vor einer Statue stehen blieb. Dann blätterte er in seinem Reiseführer und las: «Beachtenswert ist hier besonders die Statue Neptuns, die den Hof schmückt.»

Nun kramte er sein Notizbuch und einen Kuli hervor und schrieb den Satz ab. Dann ging er durch einen Arkadengang, nahm einige Treppenstufen und fand sich im «Prince Alfred's Courtyard» wieder. Vor einem Brunnenbecken sah er ein kleines, maltesisches Mädchen. Sie trug einen roten Rock, kombiniert mit einer weißen Bluse und weißen Strümpfen – ihre Schuluniform? – stand da und blickte in das Wasser. Über dem Brunnen entdeckte er ein großes Wappen, aus Stein gehauen. Wie soll ich meine Eindrücke schildern? Was heißt «Wappen» auf Englisch? Er zog ein verdrossenes Gesicht, blätterte und suchte, bis er die Erklärung fand: «A water fountain which carries the coat-of-arms of Grandmaster Perellos (1697-1720).»

«Water fountain»: Das war klar...«Grandmaster»: Das konnte nur ein Großmeister sein... „Dann wird «coat-of-arms» Wappen bedeuten, HA!" Michael war ein lauter Ausruf entfahren. Das kleine Mädchen drehte sich um, blickte ihn an und huschte davon. *Die* wird Augen machen, wenn ich morgen fließend Englisch spreche! Er sah seine Lehrerin, Frau Camilleri, vor sich, wie sie ihre goldumrandete Brille zurechtrückte. Morgen werde ich auftrumpfen: «Ich war besonders von dem Brunnen beeindruckt, auf dem das Wappen von Großmeister Perellos zu sehen ist. Er lebte übrigens von 1697-1720.»

Michael verließ den Hof und setzte sich auf eine Treppe. Wo soll ich nur anfangen? Bei der überaus reichen Geschichte Maltas kommt man schnell vom Hundertsten ins Tausendste. Er holte aus seinem Rucksack eine Flasche des in Malta sehr beliebten Getränkes «Kinney» hervor und trank sie in großen Zügen aus. Ah, *das* tut gut! Dann nahm er sich wieder sein Buch vor und las im Eingangskapitel: «The Knights Hospitaller had as their primary aim the care of the sick, the poor and the wounded, and of helping the pilgrims in the Holy Land.»

Aha, dämmerte es ihm: «Hospitaller», das klingt ja wie «Hospital». Also haben sie Kranke gepflegt und sich um Pilger gekümmert, die ins Heilige Land, nach Israel, zogen! Er blätterte weiter und fand, was er gesucht hatte: «Plan of the first floor», las er. Darin war die Aufteilung der einzelnen Räume des «Magisterial Palace» übersichtlich dargestellt. Er überflog die Einträge, bis er zu Punkt 9 kam: «The Armoury Corridor». Irgendwie zog es ihn dorthin. Michael verstaute seine Siebensachen und brach endgültig zur Besichtigung auf.

Kapitel 2: Der Herr lachte vielsagend...

Michael betrat einen Saal und sah sich um. Es dauerte nicht lange, bis ihn eine Aufsichtsperson ansprach. Der etwas füllige Herr fuhr sich mit einem Taschentuch über die Stirn.

„Ganz schön warm heute, he? Kann ich helfen?"

„Ich möchte mir den Palast ansehen und..."

„Ahaaa", intonierte der Herr, „du interessierst dich also für die maltesische Geschichte, die Geschichte der Ritter." Wer weiß, dachte Michael, am Ende hat ihn Frau Camilleri heimlich hierhergeschickt, damit ich meinen «mündlichen Ausdruck» trainiere.

„Ja, in der Tat, ich interessiere mich für die Ordensritter. Woher wussten Sie das?"

Der Herr lachte vielsagend, schloss für einen Moment die Augen und gestikulierte mit einer Hand.

„Woher ich das wusste? Vielleicht beobachte ich einfach nur gut." Der Herr sah ihn mit Kennerblick an. Dann sprach er auf einmal eindringlicher als zuvor:

„Als ich dich vorhin im Hof sah und während du den Palast betreten hast, *wusste* ich sofort, dass dich die Geschichte der Ritter des Ordens des Heiligen Johannes interessieren wird."

Der Herr nahm Michael von Neuem in den Blick:

„So, mein Freund, woher kommst du?"

„Germany."

„Ein Deutscher, der den Fußspuren der Ritter folgt! Wirklich ein faszinierendes Thema. Weißt du, nachdem die Ritter das Heilige Land verlassen mussten, siedelten sie sich erst in Zypern an. 1308 landeten sie auf Rhodos. Diese Insel war dann über 200 Jahre lang ihr Zuhause. Während dieser Zeit wurde der Orden zu einer großen Seemacht."

Die Sätze hatte er nur so aus dem Ärmel geschüttelt. Nun holte er einige Faltblätter hervor.

„An dieser Stelle höre ich auf. Sonst kommst du noch auf die Idee, dass dies eine Unterrichtsstunde ist. Und Unterricht hattest du schon genug, oder? Darf ich dir eine unserer kleinen Broschüren mit auf den Weg geben?"

Michael hörte, wie seine Schritte widerhallten. «Unterricht hattest du schon genug, oder?» Wie kam er darauf? grübelte Michael.

Die Infoblätter waren interessant: „1522", so las er, „belagerte die Flotte von Sultan «Suleiman dem Prächtigen» Rhodos. Der Orden musste die Insel verlassen und zog – auf der Suche nach einer neuen Heimat – ruhelos durch Europa. 1530 kamen die «Ritter des heiligen Johannes von Jerusalem» erstmals nach Malta." Michael versuchte, weiter in den englischen Text einzudringen. Die Ritter blieben also für die nächsten 268 Jahre in Malta. 1571 verlegte der Orden seinen Sitz von Vittoriosa nach Valletta. Der «Palace of the Grandmaster» gehörte zu den ersten bedeutenden Gebäuden, die in Valletta errichtet wurden. 1798 bezog dann Napoleon auf seinem Weg nach Ägypten Quartier in Valletta und vertrieb die «Hospitallers» von der Insel. Michael spürte, wie sein Interesse wuchs. «Die kleine Insel», las er weiter, «überlebte die Belagerung von 1565 und schlug den Großangriff von Suleiman und seiner Flotte erfolgreich zurück.»

Michael betrat die Haupttreppe, die zum ersten Stock des Palastes führte. Ihm fielen gerade die Stufen aus weißem Marmor auf, als der Museumsführer plötzlich wieder neben ihm stand. Er gähnte, machte eine weit ausholende Geste und sprach mit heiserer Stimme:

„Nicht sehr viele Besucher heute. Die meisten Touristen werden am Strand liegen."
Ja, das würde ich auch gerne, am Strand liegen. Wenn ich nur die Sonne besser vertragen würde.
„Siehst du die weißen Marmorstufen? Stelle dir die Ordensritter in ihrer schweren Rüstung vor. Der Marmor sollte ihnen den Aufstieg erleichtern. Kannst du sie hören, hören, wie sie sich hochschleppen, Stufe um Stufe und wie schwer sie dabei atmen?"
Sicher, mit der schweren Rüstung. Er stellte sich vor, wie sie schwerfällig und mühsam die Treppen hochkeuchten.
Sein Gegenüber blickte auf die Uhr:
„Zeit für eine Pause. Ich wünsche dir einen schönen Aufenthalt und: Grüße mir die Ritter! Oder sollte ich sagen, *den* Ritter?"
Der Herr lächelte vielsagend, kicherte in sich hinein und verließ den Raum. «Grüße mir die Ritter! Oder sollte ich sagen, den Ritter?» Was meinte er damit? *Den* Ritter ist doch falsch. Das ist Singular, Einzahl. Die Ritter waren aber ganz viele. Oh, *Mann*: Der sollte mal bei meiner Lehrerin seine Kenntnisse auffrischen!

Michael betrat den «Entrance Corridor», die Eingangshalle. Portraits von Großmeistern, die die Innenwände des Gangs schmückten, weckten sein Interesse. Ein «Großmeister Ferdinand von Hompesch» war zu sehen, der einzige deutsche Großmeister. Ihm fiel sogleich das Kreuz des

Ordens mit seinen 8 Spitzen auf. Die, so stand es in dem Faltblatt, standen für die «Zungen» oder die Länder, aus denen die Ritter kamen. Irgendwie, so kam es ihm vor, blickte dieser *von Hompesch* etwas missmutig in die Landschaft. Michael verließ den Raum und folgte dem Plan: Dies muss die «Hall of St. Michael and St. George» sein!

Der Raum wartete mit einer der Hauptattraktionen des Palastes auf, einem Zyklus von 12 Fresken von «Matteo Perez D'Aleccio». Sie stellten die entscheidenden Phasen der «Großen Belagerung von 1565» dar. Michael notierte sich den englischen Satz: «...the salient phases of the epic siege of Malta by Suleiman in 1565.» Salient? Bedeutet das *entscheidend*? Das muss ich nachher nachschlagen. Frau Camilleri wird staunen, wenn ich den Satz morgen locker einfließen lasse.

Die Fresken zeigten die Ankunft der großen Armada und wie die Besatzung bei «Marsaxlokk» von Bord ging. Dann die Attacken auf «Fort St. Elmo» und «Fort St. Michael», die Ankunft des Ersatzheeres in höchster Not. Am Ende der Halle, so las er, stand der Thron des Großmeisters.

Als Michael im «State Dining Room» stand, malte er sich die prächtigen Bankette aus, die an dieser Stelle früher zu Ehren von Gästen gegeben wurden, die dem Großmeister ihre Aufwartung machten.

Kapitel 3: Das Zimmer des Botschafters

Michael stieß nur ab und zu auf Besucher des Palastes. Um diese Zeit saßen die meisten bestimmt gemütlich an Tischen vor Eisdielen und streckten die Beine aus. Oder sie schwammen im Meer, lagen am Strand und schmorten in der Sonne. Inzwischen musste es noch heißer geworden sein. Selbst hier im Palast drückte die Hitze. Umso besser, dass ich hier ziemlich allein bin, dachte er. So kann ich in Ruhe von einem Saal zum anderen gehen und viele Eindrücke aufnehmen. Schließlich soll ich morgen beim Unterricht einen Vortrag halten.

Was für eine Pracht! Michael kam aus dem Staunen über erlesene Teppiche und Brokatvorhänge kaum noch heraus. Er bewunderte ein Gemälde mit Goldrahmen und einen herrlichen Kronleuchter. Hoch an der Wand waren Gemälde zu sehen, die Ereignisse aus der Geschichte des Ordens wiedergaben. Andere Fresken stellten Propheten aus dem Alten Testament dar.

Kapitel 4: Das gelbe Zimmer

Michael blickte wie gebannt auf ein Freskogemälde, das Szenen einer Schlacht darstellte. Der imposante und bärtige Mann rechts, der einen Helm mit Federbusch trug und in einer Rüstung steckte, das musste «Großmeister Jean de la Valette» sein! Über seiner Rüstung trug er ein Gewand, auf dem am Rücken ein Kreuz zu sehen war. Im Hintergrund waren Pferde und Reiter, Lanzen und Fahnen mit Wappen zu erkennen. An Festungsmauern ragten viele Leitern in die Höhe. Am linken Rand lauerten Kriegsschiffe. Währenddessen wurden gerade zwei Gefangene mit Turban abgeführt. Also stellte das Gemälde die große Belagerung – auf Englisch *The Great Siege* – dar.

Kapitel 5: Der Flur des Prinzen von Wales

«In diesem Zimmer», so las er, «befindet sich noch die Wandnische, in der das Bett des Großmeisters stand.» Er hielt einen Moment inne. Wenn man sich vorstellt, dass hier Großmeister geschlafen haben...

Endlich war er im «Armoury Corridor» angekommen. Michael fielen kunstvoll gearbeitete Türklopfer aus Messing auf. Auf ihnen waren Ordenskreuz und Wappen von «Großmeister Pinto» zu erkennen. Er trat näher. Nun bin ich endlich am Ziel angekommen, dachte er. Dieser Bereich des Palastes und der angrenzende Saal interessierten ihn am meisten. Eine beinahe unheimliche Ruhe ging von diesem Ort aus. Aufgereiht und unbeweglich verharrten die Ritter in ihren Rüstungen. Manche waren von Kopf bis Fuß verhüllt. Selbst ihr Gesicht blieb geschützt und verborgen. Einige führten Schwerter in ihren Händen, andere Lanzen. Manche steckten nur in halber Montur und zeigten ihr Gesicht. Fahnen und Standarte schmückten die Wände. Ganz am Ende stand die Kutsche des Großmeisters gerade so, als warte man darauf, dass er gleich aussteige.

Eine kleine Besuchergruppe verließ den Saal. Nun war er wieder allein auf weiter Flur. Er lief die Reihen entlang und konnte sich vom Anblick der Ritter kaum losreißen; besonders die mit heruntergeklapptem Visier hatten es ihm angetan. Unheimlich. Wie musste es wohl damals gewesen sein, wenn plötzlich so ein Ritter vor einem stand...Michael trat näher und nahm die Rüstungen genauer in Augenschein. Wie fein alles gearbeitet war, wie sie glänzten. Und diese konischen Helme, die Brustplatten und schweren Stiefel. Wenn man sich vorstellt, dass sie in solch einer

Kluft unterwegs waren und dies bei der Hitze! Dazu mussten sie vermutlich noch die Schilde mit sich herumschlep-
pen und ein schweres Panzerhemd tragen…

„In *so* einer Rüstung zu stecken, das muss ganz schön
schwer auf den Rittern gelastet haben!", entfuhr es ihm.
„In der Tat, das kannst du laut sagen!"
Michael zuckte zusammen. Was war *das*??? Ah, sicher wieder die Aufsichtsperson von vorhin. Michael sah sich um,
blickte erst nach rechts, dann nach links und schließlich
nach vorn. Doch niemand war zu sehen. Da dämmerte es
ihm: In solchen Sälen liefen ja manchmal Videos. Da hatte
jemand auf den Knopf gedrückt, und der Film lief. Eigentlich eine gute Idee. Doch wo? Er sah sich erneut um. Weit
und breit war niemand zu sehen. Hier lief kein Film. Sollte
ich vorhin zu lange in der Sonne gewesen sein? Habe ich
mir das gerade eingebildet? Noch während er darüber
nachdachte, wusste er, dass dies nicht der Fall war. Ihm
wurde unheimlich zumute.

„Es tut mir wirklich leid. Ich weiß, dass ich Stillschweigen halten soll. Und ich wollte diesen jungen Deutschen
wirklich nicht erschrecken. Aber…"
Michael erschrak und trat unwillkürlich einige Schritte zurück. Woher kamen diese Laute? Und was für ein Akzent
war das?
„Ist dort jemand? Wer sind Sie?"
„Entschuldigung. Ich habe für einen Moment die Kontrolle
verloren, ich bedauere."
Michael traute seinen Ohren nicht. Doch eine Täuschung
war nicht möglich. Er hatte es deutlich gehört! Was lief
hier ab? Hielt man ihn zum Narren? Steckte diese Aufsichtsperson hinter irgendeinem Vorhang und spielte ihm

einen Streich? Oder gar Frau Camilleri? War *dies* maltesischer Humor, Teil einer Inszenierung für Besucher? Aber nein, die Stimme kam hier ganz aus der Nähe, die Stimme kam…Michael getraute sich kaum, den Gedanken zu Ende zu führen: Aus der Rüstung.

„Bleibe bitte ruhig. Ich werde gleich alles erklären. Nur einen Moment bitte."

Das geht nicht mehr mit rechten Dingen zu. Ob ich das Gebäude fluchtartig verlasse? schoss es Michael durch den Kopf.

„Das würde ich nicht empfehlen", hörte er postwendend. „Von Besuchern eines Museums wird erwartet, dass sie sich auf normale, zivilisierte Art und Weise bewegen. Höre mir also bitte zu."

„*Wer* sind Sie?!?"

„Wer ich bin? Ich bin immer noch der, der ich war. Wenn ich mich vorstellen darf: «Juan Alfonso Rodriguez de la Cruz, geboren in Zaragoza, Spanien. Letzter Sohn einer adeligen Familie.» Einst kam ich nach Malta und war einer der Ritter, die während der Regierungszeit von Großmeister La Valette dienten. Mit anderen Worten: 1557-1568."

„1557 – 1568??? Werde ich verrückt? Sie können kein GEIST sein! "

„Du musst nicht verrückt werden, mein Freund. Ich bin ein Geist, zweifellos. Wäre ich noch mit einem menschlichen Körper bekleidet, so würde ich davonlaufen und zuvor diese schwere Rüstung abschütteln."

„Aber falls das wahr ist, *warum* sind Sie dann hier?"

„*Falls?* Es ist wahr, das kann ich dir versichern. 33 Jahre in dieser Rüstung zu verbringen. Und dabei soll ich noch stillschweigen!"

„Aber das ist..., ich meine, das kann doch nicht wahr sein! 1557 – 1568? Ich verstehe überhaupt nichts."

Michael sah sich um. Wenn jetzt Besucher kommen und mich hören, werden sie denken, ich habe den Verstand verloren."

„Um Besucher musst du dir keine Sorgen machen. Die nächste halbe Stunde kommt keiner."

Michael war fassungslos. Woher wusste er, dass ich mir Sorgen machte, ob jemand kommt?

„Nun, ich hatte schon immer eine scharfe Beobachtungsgabe." „Aber warum sind Sie hier? Wofür wurden Sie bestraft?" *Wenn da am Ende nicht doch jemand in der Rüstung steckt…*

Nun hörte er ein Seufzen und Klagen, das ihm richtig unter die Haut ging.

„Sorry für die Frage. Vielleicht hätte ich besser nicht gefragt."

„Nein, ich mache dir keinen Vorwurf. Gleich nach meinem Tod musste ich vor dem Ewigen Richter erscheinen. Wir alle müssen dies, obwohl wir oft am liebsten gar nicht daran denken. Ich war ein geschickter Betrüger. Weißt du, in unserer Freizeit spielten viele von uns Rittern gern mit Würfeln oder Karten!

„Und?"

„Ach, was für eine Schande." Der Geist ließ tiefe Klagelaute hören. Michael ging es durch Mark und Bein.

„Ich betrog oft. Wir spielten um Geld. Ich war sehr geschickt im Spielen und Betrügen. Manchmal verlor ich all mein Geld und musste es wieder zurückbekommen. So erfand ich viele Tricks: Ich verwendete kleine Spiegel, die ich heimlich und unauffällig anbrachte. Im Lauf der Jahre gewann ich so viel Geld. Einige verdächtigten mich, aber sie kamen nie dahinter. Manche spielten nur deshalb mit mir, weil sie meine endgültige Niederlage miterleben wollten. Sie wollten sehen, wie ich endlich erwischt werde. Aber da erfand ich neue Tricks. Mit all dem Geld kam die Versuchung, ein schlechtes Leben zu führen. Oh, ich erspare dir mehr Details. Man kann sich selbst betrügen oder andere Menschen, aber unseren Herrn betrügt niemand."

Der Geist ließ ein Wehklagen hören.

„Meine Zeit hier ist nur die letzte Etappe meiner Buße. Vorher musste ich noch an vielen anderen Orten büßen. Für *so* lange Zeit."
„Oh", rief Michael aus, „warum?"
„Du kannst dir nicht vorstellen, was ich alles getan habe. Ich musste zurückkommen, an dieselben Orte. So wurde ich immer wieder schmerzlich daran erinnert. Aber hier zu sein, das ist hart für mich." „Weil Sie stehen müssen?"
„Nein, nein! Wir Geister stehen ja nicht auf zwei Füßen. Es ist vielmehr die Stille. Ich redete so gern und viel. Ich überredete andere dazu, gewisse Dinge zu tun. Ich redete, um mich zu verteidigen. Ich erzählte Lügen. Oft genug fluchte ich. Oh, wäre ich nur still gewesen!"

Wieder brach der Geist in Wehklagen aus. Michael war erschüttert.
„Falls uns jemand hört, ich meine, *Sie* hört."
„Keine Sorge. Sie werden uns nicht hören. Ich spreche nicht so laut, wie du denkst. Du nimmst es nur so wahr. Dies sind Geheimnisse, die du noch nicht verstehen kannst, solange du in sterblichem Fleisch bist."
„Vielleicht werden Sie ja noch mehr bestraft, weil wir uns jetzt unterhalten haben."
„Nein, ich glaube nicht. Was ich dir sage, kann dir als Lektion dienen. Ich glaube, unser Herr wird es so auffassen. Zumindest hoffe ich dies."
„Ihr Name ist Rodriguez de la Cruz, sagten Sie?"
„Ja, in der Tat. Wenn ich eines Tages in den Himmel komme, fällt mein Nachname natürlich weg. Wie es mit dem Vornamen ist, weiß ich nicht. Noch ein Stück Weg bis dahin."

„Also stecken Sie Tag und Nacht in dieser Rüstung?"
„Genau! Ob es draußen kalt oder warm ist, ob es ein ruhiger oder stürmischer Tag ist. Tag und Nacht."
„Fühlen Sie sich da nicht einsam?"
„Oh, ja. Keine der vielen Rüstungen, die du hier siehst, ist bewohnt. Manchmal kommen neugierige Touristen in meine Nähe und klopfen gegen die Rüstung. Wenn sie wüssten…"
„Weiß, außer mir, sonst noch jemand von Ihrer Existenz hier?"
„Hm", brummte der Geist des Ritters, „da bin ich mir nicht sicher. Es gibt da einen Mann, der hier arbeitet. Manchmal schleicht er hier herum und scheint zu lauschen. Ein seltsamer Mann mittleren Alters. Vielleicht hegt er einen Verdacht. Obwohl ich keine Ahnung habe, wie er etwa dahintergekommen sein könnte. Ich sprach kein Wort!"
Ah, den kenne ich! Der Mann von vorhin, der mir das Faltblatt zugesteckt hat.
Er erinnerte sich wieder an jenen merkwürdigen Ausspruch: Grüß mir die Ritter, oder sollte ich sagen *den* Ritter?»
„Das ist wirklich seltsam", entgegnete der Geist, noch bevor Michael ihm irgendetwas erklärt hatte. „Also weiß er etwas oder hat Verdacht geschöpft. Aber wie kam er darauf? Und warum hat er niemand davon erzählt? Ich bin sicher, es hätte Aufsehen erregt und wäre womöglich in der Presse gelandet."
Ja, das ist wirklich seltsam, dachte Michael.

Kapitel 7: Or should I say…to the knight?

Was wusste der Mann oder ahnte er nur etwas? „Vielleicht sollte ich ihn das nächste Mal erschrecken. Wer weiß, vielleicht läuft er dann weg und flieht aus dem Palast. Aber ich bin mir nicht sicher, ob es eine gute Idee ist. Sicher würde er jemand davon berichten. Ganz bestimmt."
„Ja, besser, Sie sind ganz still."
„Das sagt sich so leicht, mein Freund. Du kannst dir nicht vorstellen, was das bedeutet. Es ist peinvoll für mich. Ich bin es nicht gewohnt, war es nie."
Der arme Geist, dachte Michael. Oder erlag er hier einer akustischen Täuschung?
„Nein, es ist keine Täuschung", kam ihm der Geist zuvor. „Soll ich dir einen Beweis liefern?"
Bevor Michael noch nachdenken konnte, hörte er schon, was der Geist fließend von sich gab:

Liste der Großmeister, die in Malta regierten:

Fra Philippe Villiers de l'Isle Adam	1521-1534
Fra Pietro del Ponte	1534-1535
Fra Didiers de Saint Jaille	1536
Fra Juan de Homedes	1536-1553
Fra Claude de la Sengle	1553-1557
Fra Jean Parison de La Valette	1557-1568
Fra Pietro del Monte San Savino	1568-1572
Fra Jean Levesque de la Cassiere	1572-1581
Fra…"	

„Ich glaube Ihnen", unterbrach ihn Michael.

„Es gab insgesamt 28 Großmeister. Wir Geister haben ein erstaunliches Gedächtnis. Manchmal ist es zu gut: Wenn ich nur meine Schandtaten vergessen könnte!"

Bevor er wieder in Wehklagen ausbricht, muss ich ihn schnell ablenken, kam es Michael in den Sinn.

„Sie sagten, es ist eine Pein, in der Rüstung zu stecken?"

„Mehr als das, es ist eine Tortur."

„Aber Sie sind doch ein Geist: Können Sie die Rüstung nicht verlassen? Man sagt, Geister können sich frei bewegen."

„Einige ja, aber nicht alle."

„Ein wahrer Jammer."

„Warum?"

„Sie hätten mir bei den Hausaufgaben helfen können."

„Bei den Hausaufgaben???"

„Ja. Sie müssen wissen, ich kam hierher, um mein Englisch zu verbessern: Einzelunterricht im «Britannia College», hier in Valletta. Ich dachte, Sie könnten mir helfen, die Fragen von Frau Camilleri zu beantworten."

„Hm", brummelte der Geist. „Du meinst, wie im Theater, wo der Souffleur dem Schauspieler, der seinen Text vergessen hat, flüsternd weiterhilft?" Nun brach der Geist in Gelächter aus.

„Tut mir leid, ich wollte mich nicht über dich lustig machen. Lass mich überlegen. Ich kann die Rüstung nicht verlassen. Ich kann dich unmöglich in die Schule begleiten."

„Aber die Hausaufgaben?"

„Das kommt darauf an."

„Auf was denn?"

„Nun, worum geht es denn? Vergiss nicht, mein Wissensstand geht auf das 16. Jahrhundert zurück. Ich kam aus

Aragón. Wir sprachen kein Oxford-English, falls du verstehst, was ich meine."

„Aus der spanischen Region Aragón. Das erklärt den Akzent."

Michael hielt sich den Mund zu. Doch es war zu spät.

„Was meinst du *damit*? Was für ein Akzent?!"

Die Stimme des Geistes hatte sich merkwürdig verändert. Wie schrill er auf einmal sprach. Der Klang ließ Michael an Kreide denken, mit der Frau Camilleri gern über die Tafel fuhr, wenn sie zu ihren Erklärungen ausholte.

„Oh, ich habe mich versprochen, ich, äh, ich meinte"

„Ich höre."

„Dass ihr leichter spanischer Akzent so schön klingt, so…"

Kapitel 8: Tut mir leid...

Jetzt schwindelst du. Das würde ich nicht empfehlen. Bueno, te perdono. Pero si me ofendes otra vez, te daré un castigo tal..."

„Wie bitte?"

„Tut mir leid. Ich habe für einen Moment vergessen, dass ich nicht mehr in Aragón lebe. Vielleicht besser so, dass du nichts verstanden hast. Also, wie sieht es aus mit den Hausaufgaben? Gib mir ein paar Details."

„Frau Camilleri sagte, ich solle alles beobachten, mir Notizen machen und morgen soll ich davon erzählen, auf Englisch natürlich."

„Frau *Camilleri*, sagtest du?"

„Ja, warum?"

„Einst kannte ich eine Frau Camilleri. Aber das war vor..., lass mich überlegen, vor 455 Jahren."

Vor 455 Jahren? Michael rechnete zurück: 2020 minus 400 = 1620, minus 55 = 1565! Diese Zahl kenne ich doch! 1565: Die große Belagerung! The Great Siege! Nun war Michael ganz aufgeregt. „Vor 455 Jahren? Sind Sie sicher?"

„Natürlich bin ich mir da sicher!", sagte der Geist mit Nachdruck. Es war 1565, im Jahr der"

„der großen Belagerung", beendete Michael den Satz.

So langsam wurde ihm duselig im Kopf: Spreche ich hier tatsächlich mit einem Geist, der «die Große Belagerung» miterlebt hat?! Bevor er noch etwas sagen konnte, sprach der Geist.

„Du sollst, sagtest du, Frau Camilleri von deinen Erfahrungen hier erzählen? Ich muss darauf bestehen, dass du mich *nicht* erwähnst!"

„Werde ich nicht."

„Du kannst dir nicht vorstellen, wie erleichtert ich bin, dass ich endlich mit jemand sprechen kann! Die ganze Zeit über konnte ich nur Selbstgespräche führen. Aber wenn man mit sich selbst spricht, fehlt die Überraschung. Man weiß im Voraus, was man hören wird. Manchmal versuchte ich es mit einem Trick: Ich begann mit einem spanischen Akzent zu sprechen und antwortete mit französischem Akzent. So, als unterhielten sich zwei Ritter aus verschiedenen Ländern. Aber auf Dauer wird man dabei verrückt."

„Ich verstehe." „Daher bin ich dir dankbar. Vielleicht kann ich dir bei den Hausaufgaben etwas helfen."

„Das ist wunderbar!"

„Das heißt, wenn du mir versprichst"

„*Was* versprichst?"

„Du musst mir versprechen, für meine arme Seele zu beten und noch einmal zu kommen, bevor du Malta verlässt."

„Einverstanden!"

Michael kramte seinen Notizblock und seinen Kuli hervor. Am besten, ich schreibe schnell mit, wenn er von der Großen Belagerung erzählt. Da würde sich mancher Historiker die Finger danach lecken. Ein Augenzeugenbericht aus erster Hand. Aber dieser Geist war ja mehr als nur ein unbeteiligter Augenzeuge. Er hatte alles selbst miterlebt, er hatte mitgekämpft.

„Also, ich werde versuchen, langsam zu sprechen."

Kapitel 9: Wirklich groß für die damalige Zeit...

Dieser Geist bekam alles mit! Dabei hatte er doch Block und Kuli ganz leise aus dem Rucksack geholt.

„Können Sie mich sehen?" „Natürlich kann ich das!"

„Aber ich kann *Sie* nicht sehen, das ist nicht fair!"

Der Geist brach in Gelächter aus. „Was hast du erwartet? Dass du die Rüstung öffnen und mich fotografieren kannst, um mich deiner Verwandtschaft zu zeigen?"

Der Geist hatte recht. Wie soll ich ihn auch sehen können: Geist ist Geist. Aber ich hätte zu gerne gewusst, wie er aussah, damals, 1565, in seiner Rüstung. „Wie ich aussah? Nun, 6 Fuß groß, schwarzes, gelocktes Haar, dunkle Augen, ein Bärtchen. Ich war ein starker Mann, da kannst du sicher sein."

„6 Fuß groß? Uff, wie groß ist das? Messen die in «Füßen»?

„Ungefähr 1,80 m. Wirklich groß für die damalige Zeit."

„Sie haben also 1565 mitgekämpft?"

„Oh, ja! Über diese historische Schlacht wurden so viele Bücher geschrieben. Aber kein Buch kann beschreiben, wie wir uns fühlten: Dem Tod ins Auge zu sehen, den Angreifern gegenüber zu stehen und sie zurückzuschlagen: Die Armada von Sultan Suleiman dem Prächtigen zu attackieren. Wir waren nur 8.000 Mann und sie waren über 40.000! Ich kann immer noch ihre Schiffe sehen, voller Waffen und Krieger, die nur auf das Signal zum Angriff warteten."

Aber wie, dachte Michael, soll ich ihn zitieren? Ich kann unmöglich einen Geist als Quelle angeben. Frau Camilleri wird mich fragen, woher ich all das habe. Ich kann ja nicht sagen: Ich traf einen Geist in der «Armoury Hall».

„Nein, das kannst du wirklich nicht", unterbrach ihn der Geist.
„Erzähle ihr, dass du das in einem Buch gelesen hast. Das stimmt sogar: Das Buch meines Lebens." Ob es noch irgendwelche Spuren gibt, die seine historische Existenz belegen? Irgendwelche Aufzeichnungen, vielleicht Bilder? fragte sich Michael.

„Ich fürchte, hier muss ich dich enttäuschen: Du kannst dir bestimmt vorstellen, dass man keinen Maler beauftragt hat, uns Ritter zu portraitieren. Sie malten die Großmeister."
Schade, dachte Michael. Ich hätte zu gerne ein Bild von ihm gehabt. Das wäre spannend gewesen, zu sehen, *mit wem* ich spreche. „Vielleicht gibt es Briefe?" „Hm", murmelte der Geist. Für eine Weile schwieg er. Offensichtlich dachte er nach.

„Vielleicht. Möglich, dass es noch einige Briefe gibt. Ich schrieb viele, zu viele. Bei all meinen Spielen und Abenteuern…Ich musste denen, die mich anklagten, mir drohten oder Spielschulden bei mir hatten, antworten. Und natürlich auch einigen Schönheiten der Insel."
Aber wo soll ich diese Briefe noch finden? Vermutlich sind sie längst vermodert, verrottet, vernichtet oder verlorengegangen? Oder gibt es vielleicht ein geheimes Archiv, in dem sie lagern?

„Ich unterbreche dich ungern, aber, du solltest jetzt besser anfangen, meinen Bericht aufzuschreiben. Der seltsame Mann, der hier arbeitet, kommt vermutlich bald hier vorbei. Ich möchte nicht, dass er dich in meiner Nähe sieht."
Michael sah nach draußen und lauschte. Noch waren keine Schritte zu hören.

„Ach, übrigens, wenn du mein Englisch leid bist, kann ich auch auf Deutsch umschalten."
Er will Deutsch können? Das kommt mir jetzt aber Spanisch vor, dachte Michael. Er stammte doch aus Aragón, war nach Malta gekommen und ist hier auch gestorben. „So, du traust mir also nicht zu, dass ich Deutsch sprechen kann?", warf der Geist ein. Wo, um Himmels Willen, will er Deutsch gelernt haben? grübelte Michael.
„Wir Geister beherrschen viele Sprachen." „Am besten, wir sprechen Englisch. Ich muss mich verbessern, meinte Frau Camilleri."
„Also werde ich dir helfen, auch dein Hörverständnis zu verbessern. Ich hoffe, diese gute Tat trägt dazu bei, dass mein Aufenthalt hier abgekürzt wird."
Der Geist schien gleichsam tief Luft zu holen. Dann nahm er seinen Faden wieder auf:

„Ich sehe die ganze Szenerie immer noch vor mir: Eine endlose Anzahl von Schiffen, die am Horizont auftauchten, Angriffe auf die Festungen. Ich musste zuerst beim «Fort St. Michael» die Stellung halten. Sie attackierten uns von allen Seiten. Ich hatte die Ehre, nah beim Großmeister zu sein. La Valette und wir Ritter haben Malta nicht allein verteidigt. So viele halfen mit: Leute aus den Dörfern, Frauen, Kinder! Sie waren so tapfer und mutig! Ich sehe noch, wie die Angreifer versuchten, an dicken Seilen hochzuklettern,

Leitern aufzustellen. Wir kippten oft heißes Wasser auf sie. Sie fielen nieder, wie Ringe aus Feuer. Oh, die Kämpfe waren manchmal grausam, auf beiden Seiten. Wir konnten sie nicht schonen, da sie uns auch nicht verschonten. Einige der Angreifer, die wir gefangen nahmen, wurden in Verliese geworfen. Sie bekamen nichts zu essen oder zu trinken. Auf der anderen Seite schickten sie einige unserer gefallenen Männer zurück. Sie kamen auf Holzflößen, tot. La Valette, unser Großmeister, war ein sehr starker und frommer Mann. Ohne ihn hätten wir nie den Sieg errungen. Er inspirierte uns, flößte uns Hoffnung, Kraft und Mut ein."

La Valette, dachte Michael: Warum bin ich nicht früher darauf gekommen? Also ist die Hauptstadt Maltas nach ihm benannt! Aber wenn sie nur 8000 oder 9000 waren, wie konnten sie sich dann gegen 40.000 erfolgreich zur Wehr setzen?

„Glaube mir, wir waren in einigen Situationen verzweifelt. Wir schlugen sie zurück, aber sie attackierten uns mit einer solchen Übermacht. Manchmal sah es so aus, als wäre alles verloren. Aber La Valette gab niemals auf. Er hatte einen so starken Glauben und versuchte immer wieder Hilfe zu bekommen. Er wandte sich an den Vizekönig von Sizilien. Am 7. September, am Vorabend des Festes der Geburt der Gottesmutter Maria, kam *endlich* Hilfe. Zu unserer großen Überraschung gab Sultan Suleiman der Prächtige mit seiner großen Armada den Kampf auf. Die Angreifer schätzten die Lage falsch ein: Die Schiffe und Mannschaft, die uns zu Hilfe eilten, waren bei weitem nicht so viele, wie er dachte. Wenn *das* kein Wunder war!"

Kapitel 10: Unglaublich, gegen 40.000 Mann...

Michael schrieb fleißig mit. Obwohl er nicht alle Wörter verstand, so bekam er doch den Sinn mit. Also waren sie plötzlich abgezogen. Der Großmeister mit seinen Rittern und die einheimische Bevölkerung hatten sich tapfer gewehrt, den Sieg errungen. Unglaublich! Gegen 40.000 Mann! Dabei musste das Heer der Osmanen auch bestens gerüstet gewesen sein. Wenn er nur die Krummsäbel, die Kanonen und sonstiges Kriegsgerät betrachtete, das in seinem Reiseführer abgebildet war. Und dann war da in ihren Reihen noch dieser gefährliche Dragut...

„Oh, ja! Er war ein *sehr* gefährlicher Mann, kräftig und mutig. Einmal stand ich ihm direkt gegenüber. Ich werde *nie* vergessen, wie er mich anstarrte. *Was* für ein Blick! Aber Großmeister La Valette war allen überlegen und zudem voller Fürsorge für seine Leute. Überdies war er auch sehr tierliebend."

Für eine kurze Zeit trat Stille ein. Der Geist schien in der Vergangenheit zu schwelgen. In diesem Moment hörte Michael Schritte.

„Das ist er! Geh jetzt besser."

„Vielen, vielen Dank! Ich komme wieder."

Michael schlich sich davon. Er eilte aus dem Saal, bog nach rechts, dann wieder nach links und wollte gerade...

„Ahaaa! Noch hier, junger Freund? Die Ritter faszinieren dich."

„Die ganze Ausstellung ist sehr interessant."

Sein Gegenüber sah ihn plötzlich prüfend-kritisch an. „Nun, ich bin mir nicht sicher, aber: Kann es sein, dass ich dich mit jemand reden hörte?"

Dabei kniff er ein Auge zusammen, so als blende ihn die Sonne. Was soll das jetzt, hat er gelauscht? Was führt er im Schild? Der Mann war Michael nicht geheuer. Was soll ich nun sagen? Irgendetwas scheint er zu wittern. Ich darf mich auf keinen Fall verraten.

„Das ist möglich. Vielleicht habe ich mit mir selbst geredet, ohne es zu merken. Manchmal tue ich das. Warum? Ist das hier verboten?"
Damit hatte die Aufsichtsperson nicht gerechnet. Da hatte er ihn auf dem falschen Fuß erwischt. Der Herr wiegelte ab und gab sich auf einmal betont höflich. Vielleicht befürchtet er, dachte Michael, ich könnte mich beschweren. Dann muss er sicher einen Rüffel einstecken. Schließlich leben die Malteser vom Tourismus. Der Herr lächelte jovial. Wie Michael schien, etwas künstlich.
„Natürlich nicht! Ich fragte mich nur, ob du vielleicht irgendeine Information brauchst. Besuchern helfen wir immer gern."
„Ich verstehe. Vielen Dank", erwiderte Michael, „und nun muss ich gehen."

Kapitel 11: Wenn Frau Camilleri wüsste...

Am nächsten Tag strahlte die Sonne noch heißer. Als Michael das Schulgebäude betrat, konnte er immer noch kaum glauben, was er gestern erlebt hatte. Oh, wenn Frau Camilleri wüsste...Er öffnete eine Tür. Seine Lehrerin blickte auf. Wie gewohnt, rückte sie erst einmal ihre goldumrandete Brille zurecht. In der Ecke des kleinen Zimmers, auf dem Fensterbrett, rauschte ein großer Ventilator. Frau Camilleri klappte graziös einen Fächer auf und fächelte sich Luft zu. „Huuu, heute ist es zu heiß, nicht wahr?"
Auf dem Fächer sah man viele maltesische Motive: Die beliebten gelben Busse, die große Kuppelkirche von Mosta, die Blaue Grotte, die Tempel von Tarxien, Hagar Quim und Mnajdra. Frau Camilleri lächelte wohlwollend.

„So, Michael, erzähle mal. Hast du den *Palast des Großmeisters* besucht? Ich bin schon sehr gespannt auf deinen Bericht."
Wie gut, dass ich heute nach dem Frühstück noch einmal alle meine Notizen und Aufzeichnungen durchgelesen habe. Wenn sie wüsste...Aber ich werde nichts verraten. Sie würde mir sowieso nicht glauben. Oder vielleicht doch? Michael erinnerte sich plötzlich an den Kommentar von Herrn Falzon. Dieser arbeitete in dem Hotel, in dem Michael untergebracht war. Michael sah es wieder vor sich, wie er vor Tagen an der Rezeption stand, um seinen Schlüssel abzugeben. Da hatte er deutlich gehört, wie Herr Falzon zu einem Kollegen sagte: «Es scheint, dass es in dem Haus gegenüber spukt. Es soll dort ein Geist umgehen!» Vielleicht glaubt Frau Camilleri selbst an Geister. Aber ich darf nichts verraten.

Er setzte sich und besann sich noch einmal. Dann holte er groß aus und gab alles wieder, was der Geist ihm am Vortag erzählte. Zum Abschluss ließ er noch einige Anekdoten über Großmeister La Valette, den berüchtigten Dragut und den Kampfeinsatz der einheimischen Bevölkerung einfließen. Er krönte seinen Bericht mit einem kurzen Überblick über die Regierungszeit verschiedener Großmeister. Frau Camilleri blieb der Mund offen. Sie klappte ihren Fächer zu und schnappte nach Luft:

„Das ist erstaunlich, das ist mehr als erstaunlich! Das ist…, kaum zu glauben, mir fehlen die Worte!" Michael war selbst erstaunt. Sollte der Geist des Ritters ihm am Ende doch auf irgendeine Art geholfen haben? Wie war es sonst zu erklären, dass er den Tod von Dragut, die Kleidung der Invasoren, ihre Waffen und das unerschrockene Handeln von La Valette so gut schildern konnte? Während er erzählte, war es ihm manchmal so vorgekommen, als sehe er die ganze Geschichte vor sich. Noch erstaunlicher war, dass ihm selbst schwierige englische Wörter eingefallen waren.

Frau Camilleri stand auf, ging nachdenklich zum Fenster und schaltete zerstreut den Ventilator aus. „Ich weiß wirklich nicht, was ich jetzt sagen soll. Lass mich nachdenken: Du kamst hierher, um Englisch zu lernen und nun"
Sie suchte nach Worten und sah ihn eindringlich an.
„Und dann fängst du an, mir in flüssigem Englisch einen Vortrag über Maltesische Geschichte zu halten, als ob du alle in Archiven vorhandenen Bücher von Historikern, die über die große Belagerung geschrieben haben, gelesen hättest. Das ist kaum, ich meine, *wie* soll das möglich sein? Da könnte man fast auf die Idee kommen, irgendein Geist

sei dir erschienen und habe dir alles diktiert. Ich fasse es nicht!"

Michael erschrak. *Was* sagte sie da gerade? Ein Geist? Frau Camilleri war nicht entgangen, dass er auf einmal blass geworden war. Sie sah ihn besorgt an. „Geht es dir gut?"
„Ich fühle mich etwas unwohl."
„Natürlich, das muss die große Hitze sein."
Sie schaltete wieder den Ventilator ein und fächelte ihm Luft zu. Aber es war offensichtlich, dass sie sich auf die Kenntnisse, die er plötzlich an den Tag legte, keinen Reim zu machen wusste.
„Dein Englisch hat sich in wenigen Tagen derart verbessert, dass ich sprachlos bin. Ich unterrichte seit 25 Jahren. *So etwas* habe ich noch nie erlebt! Für heute gebe ich dir die Bestnote."

Kapitel 12: Seltsam, wirklich seltsam…

Im Palast des Großmeisters schlich unterdessen ein Mann durch die Gänge. „Seltsam", murmelte er, „ich bin mir sicher, dass ich Stimmen hörte. Irgendetwas Merkwürdiges geht hier vor!"
Er ging auf und ab, ging bald in diesen, bald in jenen Saal, bis er in der «Armoury» die Reihen der Ritter vor sich sah. Er hielt die Hände auf dem Rücken verschränkt und trat langsam näher. „Ich bin mir ziemlich sicher. Die Stimmen kamen aus *diesem* Raum."
Er runzelte die Stirn und setzte vorsichtig Fuß um Fuß auf. Langsam schritt er die Reihen der Ritter ab. Hier und da klopfte er mit einem Fingerknöchel gegen die blank polierten Rüstungen. „Irgendetwas geht hier vor. Wenn ich nur wüsste, *was* und *wo*." Er blickte nach draußen. Kein Mensch weit und breit. Er schritt nochmals die Reihen ab und blieb ab und zu stehen. Nun klopfte er fester gegen die Rüstungen. „Werde ich langsam alt und töricht? Es scheint absurd, aber ich bin mir sicher: Die Stimmen kamen aus *diesem* Raum!"

Nun war er vor der Rüstung des Ritters angekommen, der die ganze Zeit atemlos gelauscht hatte. Ich würde ihn am liebsten zu Tode erschrecken, diesen neugierigen, alten Mann, dachte der Ritter. Nun klopfte es fest gegen die Rüstung.
„Ist dort jemand?"
Der Geist wurde zusehends ungehalten. Natürlich ist hier jemand, seit vielen Jahren. Was soll ich nun sagen? Vielleicht: Angenehm, sehr erfreut?! Wieder klopfte es von außen gegen die Rüstung.
„Ich weiß, dass hier jemand ist! Sprechen Sie!'"

Der Geist konnte sich kaum noch beherrschen. Nun musste der Mann mit mehreren Fingerknöcheln geklopft haben. Der Klang hallte wider. Langsam aber sicher wird mir das zu bunt! Was erlaubt der sich? Dem müsste ich mal...Der Mann musste sich wieder etwas entfernt haben. Der Geist hörte Schritte. Vermutlich ging der Museumswärter die Reihen auf und ab.
„Wer auch immer Sie sind: *Sprechen* Sie! Ich weiß *genau*, dass hier etwas vorgeht. Ich fühle es!"
Der Geist spürte, wie er zusehends Geduld und Beherrschung verlor. Er, ein Ritter, hatte mitgeholfen, die Insel von Invasoren zu befreien. Er hatte mit Großmeister La Valette gekämpft, sich einfallenden Horden säbelschwingender Männer entgegengestellt. Und dann kommt so ein kleiner Museumsangestellter. Nun stand er wieder vor ihm. Er hörte Klopfen mit dem Knöchel. Wenn der nicht aufhört zu klopfen. Der macht mich langsam rasend.

„WAS GLAUBEN SIE, WER SIE SIND?!" schrie der Geist. „VERSCHWINDEN SIE ODER ICH WERDE IHRE FAMILIE BIS AN IHR LEBENSENDE ALS GEIST VERFOLGEN!" Ein schriller Schrei, ganz eilige Schritte. Der Museumswärter ergriff Hals über Kopf die Flucht.

Kapitel 13: Vor dem Palast angekommen…

Als Michael am Mittag des nächsten Tages das Schulgebäude verließ, fiel ihm ein, dass er vor seiner Abreise nochmals in den «Palace of the Grandmasters» gehen wollte. Er musste dem Geist des Ritters unbedingt erzählen, wie glänzend sein Vortrag über den «Great Siege» verlief. Er hatte wahrlich Grund, ihm zu danken. Hoffentlich, so dachte Michael, darf er überhaupt noch reden. Vielleicht ist ihm schon längst wieder strengstes Stillschweigen auferlegt worden.

Vor dem Palast angekommen, wunderte sich Michael über eine Ansammlung von Menschen, die unweit eines der Haupteingänge standen. Sie redeten wie wild durcheinander. Einige gestikulierten, andere hielten Zeitungen in der Hand, deuteten auf Bilder und Artikel. Die Stimmen gingen wirr durcheinander. Was war *hier* los? Nun machte Michael auch einige Touristen aus. Ein Hüter der öffentlichen Ordnung winkte resolut mit dem Zeigefinger. Nein, hier gab es kein Durchkommen:

„Es tut mir leid, aber für heute bleibt der Palast geschlossen!" Touristen schüttelten den Kopf, verwiesen auf Öffnungszeiten in ihren Reiseführern. Nichts zu machen. Die Ordnungskraft winkte ab. Michael trat näher und hörte der lebhaften Unterhaltung der Umstehenden zu. Wie sollte er aus dem Maltesisch schlau werden? Ab und zu warf jemand einige Worte in Englisch ein. Da traten auf einmal zwei Männer in den Vordergrund. Sie zückten ihre Fotoapparate und gaben sich als Presseleute zu erkennen:

„MALTA TODAY, dürfen wir bitte durch?"
Einer der beiden pickte sich einige Leute heraus. Dann holte er ein Aufnahmegerät hervor, drückte auf *Start* und stellte Fragen. Der andere hantierte an seinem Fotoapparat und blickte dabei die ganze Zeit immer wieder zum Haupteingang. Was ist hier los? Michael wagte sich nach vorn und sprach den Fotografen von «Malta Today» an.

„Warum die Aufregung, was ist hier passiert?"
Der Pressemann sah ihn nur kurz an. Dann preschte er in Richtung Eingang vor. Kaum war er gegangen, als auch schon andere Reporter auftauchten. Schnell entstand eine größer werdende Menschenmenge. Michael wich einigen Leuten aus und blieb dem Pressemann auf den Fersen. Auf einmal brach ein Blitzlichtgewitter auf. Der eine Pressemann redete wie wild in ein Aufnahmegerät, während ein Auto dicht heranfuhr. Leute einer TV-Station stiegen im Eiltempo aus und bauten ihre Gerätschaften auf. Michael blickte gespannt zum Haupteingang. Ein Polizeibeamter versuchte die Leute zurückzudrängen. Es gelang ihm nur halb. Nun kamen zwei Angestellte in Dienstkluft zum Vorschein. Sie waren aus dem Palast gekommen und trugen zu zweit etwas heraus. Michael reckte und streckte sich. Wenn ich hier auf diesen Mauervorsprung trete, habe ich eine bessere Sicht. Der Pressemann mit dem Fotoapparat, der ihm eben noch die Sicht versperrte, ging in die Hocke, um besser fotografieren zu können. Nun erkannte Michael, dass die Angestellten eine der Ritterrüstungen hinaustrugen.

„Oh, nein! Das *darf nicht* wahr sein! Das können sie nicht tun!"

Einige Leute, die seinen Aufschrei gehört hatten, sahen sich um. Der Pressefotograf fotografierte, was das Zeug hielt. Längst war eine Absperrung angebracht, über die niemand hinauskam. «Der Ritter, der Geist des Ritters», schoss es Michael durch den Kopf. Es konnte nur ER sein. Warum trugen sie die Ritterrüstung heraus? Michael bemerkte einen Mann neben sich. Er hielt eine Zeitung unter den Arm geklemmt.

„Darf ich kurz hineinschauen?". Der Mann nickte zerstreut, reichte ihm die Zeitung und blickte dabei unentwegt nach vorn. Die Angestellten verstauten die Ritterrüstung in einem Wagen, der genügend Laderaum hatte. «Ein Geist im Palast des Großmeisters.» Michael flog nur so über die Zeilen: «Herr Saliba, der seit Jahrzehnten im Palast des Großmeisters arbeitete, soll das Gebäude fluchtartig verlassen haben, anscheinend in Panik. Nach Zeugenaussaugen soll er gehört haben, wie ihn ein Geist anschrie. Herr Saliba befindet sich noch im Krankenhaus und wird dort beobachtet. Der Fall wird untersucht. Leute, die Herrn Saliba gut kennen, schilderten ihn unserer Zeitung als glaubwürdigen, ehrenhaften Mann. Sollte sich herausstellen, dass seine Aussage der Wahrheit entspricht, so wäre dies ein sensationeller Fall.»

Also war dieser Herr Saliba dem Geist des Ritters auf die Spur gekommen. Michael erinnerte sich wieder an ihre erste Begegnung: «Grüßen Sie mir die Ritter, oder sollte ich sagen: *den* Ritter?»

Die Angestellten hatten die Rüstung mittlerweile verstaut. Der arme Ritter, dachte Michael. Er muss ja in der Rüstung bleiben. Was werden sie mit ihm tun? Wohin werden sie ihn bringen? Ob ich etwas sagen soll? Aber *was* und *wem*? Sie würden mir sowieso nicht glauben. Der arme Geist. Wie soll der *jemals* zur Ruhe kommen? Und wie wollen sie den Fall aufklären? Die hintere Wagentür wurde zugeknallt. Die zwei Männer stiegen ein. Jetzt fahren sie ihn fort. Oh, nein, *das darf nicht* wahr sein! Ich wollte ihm doch noch…Ich hatte ihm doch versprochen, nochmals zu kommen.

„Ich kannte ihn!" brach es plötzlich, in voller Lautstärke, aus Michael hervor. „Er kam aus Aragón, er war ein Ritter, der unter La Valette diente. Er hat die große Belagerung 1565 miterlebt! Oh, sie *dürfen ihn nicht* wegtragen!"

Er erschrak über sich selbst und sah auf. Viele Leute drehten sich nach ihm um. Einer der Presseleute musterte ihn aus einem Augenwinkel. Dann näherte er sich, zückte Bleistift und Block und raunte ihm zu: „Sag das bitte nochmal: Kamera! Eine Kamera her, wir nehmen gleich auf: Los geht's!

Kapitel 14: Ich kannte ihn! Er kam aus Aragón...

Frau Camilleri machte es sich auf ihrem Wohnzimmer-Sofa gemütlich. Dann blickte sie unschlüssig auf die Wanduhr: Ah, 20.00 Uhr! Sie schaltete ein und brachte sich in Positur. Ein langer Arbeitstag lag hinter ihr. Nun wollte sie einfach die Nachrichten hören, ein wenig abschalten und sich später noch an einem Kreuzworträtsel versuchen. Sie schaltete auf einen anderen Kanal um, und schon hörte sie die vertraute Stimme eines beliebten Nachrichtensprechers:

«Und nun zu einer unglaublichen Geschichte, von der Sie vielleicht schon gehört haben.» Das Gesicht des Nachrichtensprechers verschwand für kurze Zeit von der Bildfläche. Stattdessen sah man den «Grandmaster Palace». Dann tauchte der Sprecher wieder auf.

«Es scheint, dass sich im Großmeisterpalast eine unglaubliche Geschichte zugetragen hat. Ein gewisser Herr Saliba, der dort angestellt ist, soll gesehen worden sein, wie er fluchtartig den Palast verließ. Nach seiner Aussage soll ihn dort ein Geist angeschrien haben. Herr Saliba, der einen Schock erlitt, beteuert, dass der Geist aus einer Ritterrüstung heraus seine Stimme erschallen ließ. Hören wir nun einige Stimmen von Besuchern, die vergeblich versuchten, den Palast zu besichtigen, der gleich abgesperrt wurde.»

Nun machte die Kamera einen Schwenk. Frau Camilleri starrte gespannt auf die Bildfläche. Eine Menschenmenge war zu sehen, die sich unweit des Haupteinganges zusammendrängte. Dann kam ein Reporter ins Bild, der auf einen jungen Mann einredete, der in seiner Nähe stand:

„Sag dies bitte nochmal!"
Der junge Mann drehte sich mehr ins Bild. Der Reporter half nach. Frau Camilleri ließ ihre Teetasse fallen.
„Das ist nicht möglich! Das k a n n doch nicht wahr sein!!!"
Nun, da er voll in die Kamera blickte, war kein Zweifel mehr möglich.
„Aber das ist ja mein Schüler Michael!!!" Erst heute hatte sie ihm sein Zertifikat ausgehändigt. Frau Camilleri rang mit der Fassung.

«Ich kannte ihn!» hörte sie Michael sagen: «Er kam aus Aragón, er war ein Ritter, der unter La Valette diente. Er hat die große Belagerung 1565 miterlebt! Sie dürfen ihn nicht wegtragen!»

Frau Camilleri saß da, Augen und Mund standen ihr weit offen.
„Ich glaube, ich träume: Mein deutscher Schüler Michael! Ich habe mich noch gewundert, warum er auf einmal so gut Englisch spricht und so viel über die große Belagerung weiß und dann *das*. Er muss unzählige Bücher darüber gelesen haben. Ja, *natürlich*! Am Strand, in der furchtbaren Hitze! Ich hätte ihn warnen sollen. Warum habe ich das nicht getan? Diese Deutschen sind die Hitze hier gar nicht gewöhnt. Die Sonne in Malta brennt so heiß, viel zu heiß für ihn. Der arme Kerl! Er muss den Verstand verloren haben! Und nun muss er in diesem Zustand nach Deutschland zurück:

«Ich kannte ihn! Er kam aus Aragón, er war ein Ritter, der unter La Valette diente. Er hat die große Belagerung 1565 miterlebt! Oh, sie dürfen ihn nicht wegtragen!»

Der arme Junge, er muss *völlig* den Verstand verloren haben!"

Kurzes Nachwort

Vor vielen Jahren lernte ich in Sliema (Malta) Jean Bonnici kennen. Da Jean Englisch unterrichtet, kam mir die Idee, sie und ihre Familie in der ersten Erzählung vorkommen zu lassen. «Die Bonnicis» waren darüber erfreut. Auch zu Tochter Hannah, einer Sopranistin, ergab sich mit der Zeit ein freundschaftlicher Kontakt. Ihre Stimme finde ich sehr schön. Falls jemand in ihre Videos hereinhören mag: youtube.com/user/hannibon1

Fotografien:
Cover: Foto von «zarelho».
Pixabay license, free for commercial use.

Fotos Innenteil:
Christa Fuchs, Kaiserslautern,
mit freundlicher Genehmigung.

Foto «Maltesische Balkone»: Von «Efraimstochter»,
Pixabay license, free for commercial use.

Über den Autor:

Paul Baldauf, Schriftsteller und Übersetzer (Englisch, Italienisch, Spanisch, Französisch, Portugiesisch > Deutsch), lebt und arbeitet in Speyer am Rhein. Neben Büchern veröffentlichte er in Zeitungen, Fremdsprachen-, Kultur- und Freizeitmagazinen, Anthologien und Rundfunksendern (Gedichte auch in spanischer und englischer Sprache). In italienischer Sprache war er 3 x Preisträger bei Schreibwettbewerben des Kulturmagazins Onde (2 x 1. Und 1 x Preis). Er schreibt Romane und Reiseliteratur, Kurzgeschichten, Erzählungen und Gedichte, veröffentlichte zahlreiche eBooks und ist Mitglied im Verband deutscher Schriftstellerinnen und Schriftsteller. Weitere Informationen unter: www.autor-paul-baldauf.de